Biblioteca del Hogar Cristiano

LECCIONES SOBRE LA VIDA DE NEHEMÍAS

(Artículos no publicados de la revista *Southern Watchman*, 1904.)

Ellen G. White

1904

Copyright ©2023
LS COMPANY
ISBN: 978-1-0881-6674-1

Contenido

Un Sagrado Propósito para Restaurar Jerusalén 5

Oración Predominante 9

Prudencia y Prevención 13

Una Noche de Preparación 17

Asegurando la Cooperación del Pueblo 21

"Celoso de Buenas Obras" 25

Burla y Desaliento 29

Insatisfacción Entre Los No Creyentes 33

Perseverancia Animadora 36

Una Represión Contra los Extorsionadores 39

Integridad en los Negocios 44

Los Planes de los Paganos 1 48

Los Planos de los Paganos 2 51

El Pueblo Instruido en la Ley de Dios 56

Un Ayuno Solemne 60

Una Reforma del Sábado 65

La Santidad de la Ley de Dios 69

La Separación de Israel de los Idólatras 72

La Necesidad de Verdaderos Reformadores 75

Un Sagrado Propósito para Restaurar Jerusalén

Entre los hijos de Israel dispersados en países paganos como resultado de los 70 años de cautividad, habían cristianos patriotas, hombres que eran firmes a los principios; hombres que estimaban el servicio de Dios por sobre cada atracción terrenal; hombres que habían honrado a Dios por sobre todas las cosas. Estos hombres sufrían con la culpa; pero en la providencia de Dios, su cautiverio fue el medio por el cual fueron traídos hacia el frente. Su ejemplo de incorruptible integridad brilla con fulgor celestial.

Comparativamente pocos de los judíos que estaban en cautiverio obtuvieron alguna ventaja del liberal decreto de Ciro, el cual proveía su retorno a su tierra natal. Pero aquellos que volvieron, comenzaron el trabajo de reconstruir el templo y las murallas de Jerusalén. Esta gran obra fue llevada a cabo con mucha lentitud. Pasaron varios años, y el trabajo aún estaba incompleto. Entonces Dios trajo al hombre adecuado, a través del cual Él hizo la restauración de la ciudad de Su pueblo escogido.

Nehemías, un hebreo exiliado, ocupaba una posición de influencia y honor en la corte Persa. Como copero del rey, él era familiarmente admitido a la presencia real; y a través de esta intimidad, y de su propia habilidad y fidelidad, se volvió en consejero del monarca. Aún cuando estaba en un país pagano, rodeado de la pompa real y del esplendor, él no se olvidó del Dios de sus padres o del pueblo al cual le fueron confiados los santos oráculos. Con profundo interés, su corazón se volvió hacia Jerusalén, y sus esperanzas y alegrías estaban ligadas con su prosperidad. Días de especial desafío y aflicción habían llegado a la ciudad escogida. Mensajeros de Judá describieron las condiciones a Nehemías. El segundo templo había sido erigido, y partes de la ciudad habían sido reconstruidas; pero el trabajo de restauración estaba siendo colocado en peligro, los servicios del templo estaban siendo perturbados, y el pueblo estaba bajo constante alarma por el hecho de que las murallas de la ciudad estaban en ruinas, y las puertas habían sido quemadas. La capital de Judá se estaba transformando rápidamente en un lugar desolado, y los pocos habitantes que quedaban eran diariamente amargados por las provocaciones de sus asaltantes idolátricos, los cuales decían "Dónde está vuestro Dios?"

El alma del hebreo patriota estaba agobiada por estas noticias perversas. De tal manera que era grande su tristeza, no pudiendo ni comer ni beber. Él se "sentó y lloró, hizo duelo por algunos días, ayunó y oró". Pero cuando las primeras penas pasaron, él se volvió hacia el seguro Ayudador. "Oré", dijo, "delante del Dios de los cielos". Supo que toda esta ruina había venido a causa de la transgresión de Israel; y en profunda humillación vino delante de Dios para pedirle perdón de sus pecados y una renovación del favor divino. Dirigió sus peticiones al Dios del cielo, "el grande y terrible Dios"; porque el Señor le había mostrado que estaba en los terribles juicios traídos a Israel. Pero con un brillo de esperanza, Nehemías continuó, "que guardas el pacto y tienes misericordia de los que te aman y observan tus mandamientos". Para el arrepentido y creyente Israel aún había misericordia.

Fielmente el hombre de Dios confesó sus pecados y los pecados del pueblo: "Esté ahora atento tu oído y abiertos tus ojos para oír la oración de tu siervo, que hago ahora delante de ti, día y noche, por los hijos de Israel, tus siervos. Confieso los pecados de los hijos de Israel hemos cometido contra ti; sí, yo y la casa de mi padre hemos pecado. En extremo nos hemos corrompido contra ti y no hemos guardado los mandamientos, estatutos y preceptos que diste a Moisés, tu siervo".

Y ahora, por la fe apropiándose de la divina promesa, Nehemías se postró ante la misericordia celestial para hacerle la petición a Dios para que mantenga la causa de su pueblo penitente, para que restaure sus fuerzas, y reconstruya los lugares devastados. Dios ha sido fiel a sus amenazas cuando Su pueblo se ha separado de Él; Él los ha dispersado entre las naciones, de acuerdo con Su palabra. Y Nehemías encontró en este hecho la seguridad de que Él sería igualmente fiel en cumplir Sus promesas. Su pueblo había vuelto ahora en penitencia y fe para guardar sus mandamientos: y el propio Dios había dicho que si ellos hiciesen eso, aún cuando hubiesen sido arrojados a las partes más lejanas de la tierra, Él los juntaría nuevamente, y haría brillar la luz en sus semblantes nuevamente. Esta promesa fue dada hace más de mil años; pero se ha mantenido inalterada durante todos estos siglos. La Palabra de Dios no puede fallar.

La fe y el coraje de Nehemías se fortalecieron a medida que él se aferraba de la promesa. Su boca fue llenada de santos argumentos. El señaló la deshonra que sería para Dios, si Su pueblo, que ahora había vuelto hacia Él, fuese dejado solo y oprimido.

Nehemías había derramado frecuentemente su alma delante de Dios a favor de su pueblo. Y a medida que él oraba, un santo propósito se formó en su mente, de que si él conseguía el consentimiento del rey, y la ayuda necesaria en procurar implementos y materiales, él mismo tomaría la ardua tarea de reconstruir las murallas de Jerusalén, y tratar de restaurar la fortaleza de la nación. Y ahora, al concluir su oración, él le suplicó al Señor para que le concediera favor delante de los ojos del rey, de tal manera que este acariciado plan pudiese ser llevado a cabo". —*Southern Watchman, 1 de Marzo de 1904.*

Guía de Estudio No. 1

Leer: Nehemías 1:1-11.

1.- ¿En qué términos Ellen White coloca el tema bíblico de que Dios trata a Su pueblo como un grupo corporativo? (1:1)

_____

_____

Nota: Porque la identidad corporativa juega un papel tan importante en la experiencia del pueblo de Dios, y porque nosotros como Iglesia le hemos dado tan poca atención a este tema bíblico, seríamos beneficiados si estudiáramos este tópico.

2.- Examine los siguientes pasajes y note las declaraciones que muestran la identidad corporativa.

2.1.- Josué 7:1, 10-12;
2.2.- Nehemías 1:6-7; 9:33-34
2.3.- Daniel 2:13-14
2.4.- Mateo 23:34-36
2.5.- 1 Cor. 12:14-26
2.6.- Heb. 7:9-10

3.- Tres aspectos de un grupo corporativo:

_____

_____

3.1.- Identidad compartida. Ver Daniel 2:13-14
3.2.- Culpa compartida.
   1) Mateo 23:34-36
   2) "A través de la predicación de los apóstoles y de sus asociados, Dios haría que la luz brillase sobre ellos (los judíos); se les permitiría ver cómo la profecía se había cumplido, no solamente en el nacimiento y en la vida de Cristo, sino que también en Su muerte y re-

surrección. Los hijos no serían condenados por los pecados d e sus padres; pero cuando, al tener conocimiento de toda la luz dada a sus padres, los hijos rechazasen la luz adicional dadas a ellos mismos, ellos se harían participantes de los pecados de sus padres, y llenarían la medida de su iniquidad". —*El Conflicto de los Siglos: 28.*

3.3.- Castigo compartido.

1) Josué 7:2-5, 12; Nehemías 9:33-34

2) "Estos hombres (patriotas cristianos) tuvieron que sufrir con la culpa..."

Nota: El total cumplimiento de la responsabilidad que Dios le ha dado a los líderes espirituales dentro del grupo corporativo (el cuerpo de Cristo) es vital para el éxito del programa de Dios en la tierra. La importancia de este rol es enfatizado por Ellen White varias veces en los artículos que siguen. Mire cuidadosamente esas declaraciones.

4.- ¿Tenemos evidencia de que Dios aún lidia con Su pueblo como un cuerpo corporativo en relación a la identidad compartida, a la culpa compartida y al castigo compartido? De razones para su respuesta.

_____

_____

5.- ¿Qué evidencia existe para una identidad corporativa entre Dios y Su pueblo? (1:3; 2:1)

_____

_____

6.- Examine la oración de Nehemías (1:4-1:6; ver Nehemías 1:5-11). Una parte de esta oración es intercesora en su naturaleza. Identifique los diversos elementos que caracterizan este tipo de oración.

_____

_____

Para Meditar: ¿Qué incluiría usted en una oración intercesora que es ofrecida en beneficio del pueblo de Dios hoy día, y que solicita un reavivamiento dentro de la Iglesia Adventista del Séptimo Día (el cuerpo corporativo de Cristo)?

Oración Predominante

Durante cuatro meses fue forzado Nehemías a esperar por una oportunidad favorable para poder presentar su requerimiento al rey. Durante este periodo, mientras su corazón estaba oprimido por la aflicción, se esforzó constantemente para presentar un semblante alegre y feliz. En sus sesiones de retiro, muchas eran las oraciones, las confesiones penitentes, y las lágrimas de angustia, presenciadas por Dios y por los ángeles; pero todo esto estaba oculto a la vista de los humanos. Las leyes de las cortes del Este prohibían cualquier manifestación de pesar dentro de ellas. Todo debía parecer alegre y feliz en aquellos corredores de lujuria y de esplendor. El sufrimiento no debía proyectar sus sombras en la presencia de la realeza.

Pero finalmente la pena que abrumaba el corazón de Nehemías no pudo ser más ocultada. Las noches sin dormir dedicadas a la oración fervorosa, días llenos de cuidados, nublados por la sombra de la fe diferida, dejaron sus huellas en su semblante. El agudo mirar del monarca, celoso de guardar su propia seguridad, estaba acostumbrado a leer los semblantes y a penetrar los disfraces. Viendo que algún problema oculto estaba agobiando a su siervo, preguntó abruptamente, "¿Por qué está triste tu rostro? Pues no estás enfermo. No es esto sino quebranto de corazón".

Esta pregunta llenó al oyente de aprehensión. ¿No se enojaría el rey al escuchar de que mientras había sido alistado a su servicio, los pensamientos del cortesano habían estado muy lejos, con su pueblo afligido? ¿No sería penalizada la vida del ofensor? Y su acariciado plan para restaurar Jerusalén, ¿no sería destruido? "Entonces", dijo, "tuve un gran temor". Con labios temblorosos y con los ojos llenos de lágrimas le reveló la causa de su pena, la ciudad, que era el lugar de la sepultura de sus padres, estaba desierta, y sus puertas habían sido consumidas por el fuego. El tocante relato despertó las simpatías del monarca sin despertar sus prejuicios idolátricos; otra pregunta le dio la oportunidad que él tanto había esperado: "¿Qué cosas pides?" Pero el hombre de Dios no se aventuró a responder antes de haber pedido la dirección de alguien mayor que Artajerjes. "Entonces oré al Dios de los cielos".

Nehemías sintió que tenía una responsabilidad sagrada la cual requería la ayuda del rey, y que todo dependía de colocar correctamente las cosas delante de él. En esa corta oración, Nehemías entró en la presencia del Rey de los reyes, y consiguió colocar a su lado un poder que puede hacer con que los corazones sean como los ríos de agua.

Esta es una preciosa lección para todo cristiano. Siempre que estemos en dificultades o peligro, aún cuando estemos rodeados por aquellos que no aman o no temen a Dios, el corazón puede pedir su grito de ayuda y hay Uno que se ha empeñado en venir a ayudarnos. Esta es la clase de oración a la cual se refirió Cristo cuando dijo, "Orad sin cesar". No debemos permitir que las oraciones instantáneas sean un substituto en la adoración familiar o en la devoción secreta; pero es una fuente bendecida, que está a nuestra disposición, bajo circunstancias cuando otras formas de oración pueden ser imposibles. Trabajadores en el difícil mercado del comercio, amontonados y casi siempre aplastados por sus perplejidades financieras; viajeros por mar y por tierra, cuando son amenazados por algún gran peligro, pueden así encargarse a la divina guía y protección. Y en cada circunstancia y condición de la vida, el alma que se hunde en aflicción o cuidados, o que es asaltada por tentaciones, puede así encontrar consuelo, ayuda, y socorro en el amor y en el poder que nunca falla, de un Dios que siempre mantiene su pacto.

Todo es posible para aquel que cree. Nadie que venga en sinceridad de corazón al Señor será decepcionado. ¡Cuán maravilloso es que podamos orar eficazmente; que seres mortales indignos y errantes posean el poder de ofrecer sus requerimientos a Dios! ¿Que otro poder mayor que este puede requerir el hombre, para ser ligado con el Dios infinito? El hombre débil y pecador tiene el privilegio de hablarle a Su Creador. Nosotros pronunciamos palabras que llegan hasta el trono del Rey del universo. Derramamos los deseos de nuestros corazones en nuestros cuartos. Y entonces continuamos adelante caminando con Dios, tal como lo hicieron Enoc y Nehemías.

Hablamos con Cristo mientras caminamos, y Él nos dice; "Yo estoy a tu derecha". Podemos caminar en una compañía diaria con Él. Cuando expresamos nuestro deseo, puede ser inaudible a cualquier oído humano; pero esa palabra no va a morir en el silencio, ni se puede perder, aún cuando las actividades económicas continúen. Nada puede sofocar el deseo del alma. Sobre el estruendo de la calle, sobre el ruido de las máquinas, llega a las cortes celestiales. Es a Dios a quien le estamos hablando, y la oración es escuchada. Pídanle entonces; "pidan, y se les dará".

Nehemías y Artajerjes estaban frente a frente. Uno era el siervo, de una raza oprimida, el otro era el monarca del mayor imperio del mundo. Pero infinitamente mayor que la disparidad de rango, era la distancia moral que los separaba. Nehemías había aceptado la invitación del Rey de los reyes, "¿O se acogerá alguien a mi amparo? ¡Que haga conmigo paz!, ¡si, que haga la paz conmigo!" (Isa. 27:5). Le petición silenciosa que él envió al Cielo fue la misma que había ofrecido durante muchas semanas, que Dios prosperase su petición. Y ahora, criando coraje con el pensamiento de que tenía un Amigo, omnisciente y omnipotente, para ayudarlo, el hombre de Dios hizo saber al rey su deseo de que lo dejara libre por algún tiempo de los oficios de la corte, y de autoridad para reconstruir los lugares desiertos de Jerusalén y hacerla así nuevamente una ciudad fuerte y protegida. Resultados importantes para la ciudad judía y para la nación estaban por detrás de este requerimiento. Y, dijo Nehemías, "me lo concedió el rey, porque la benéfica mano de mi Dios estaba sobre mi". —*Southern Watchman*, 8 de Marzo de 1904.

Guía de Estudio No. 2

Leer: Nehemías 2:1-6.

1.- Por cuatro meses persistió en oración Nehemías. Responda las siguientes preguntas:

a) ¿Por qué demoró tanto Dios en darle una oportunidad a Nehemías para presentar su requerimiento al rey?

_____

_____

b) Si tu fueses Nehemías, ¿cuándo habrías concluido que tu oración no estaba de acuerdo con la voluntad de Dios, y habrías parado de presentar tu petición a Dios?

_____

_____

c) ¿Qué hizo con que Nehemías perseverase en la oración?

_____

_____

d) Relacione la oración prevaleciente de Nehemías con la experiencia de la iglesia de orar por la lluvia tardía.

_____

_____

Nota: Observe lo que Ellen White dice a respecto de la oración perseverante para el derramamiento de la lluvia tardía: "No estamos queriendo importunar al Señor, pidiéndole el don del Espíritu Santo. Y el Señor quiere que lo importunemos en esta materia. Él quiere que le hagamos nuestras peticiones a Su trono" —*Loma Linda Messages: 408.*

2.- Haga una lista con cuatro tipos de oraciones que podemos hacerle a Dios

a)   c)
b)   d)

3.- ¿Por qué las oraciones "instantáneas" no deben substituir los otros tres tipos de oración?

_____

_____

4.- ¿A cuál tipo de oración se refirió Cristo cuando dijo que el hombre debiera orar siempre y no debiera desfallecer? Ver Luc. 18:1.

_____

_____

5.- ¿Qué seguridad tenemos que las oraciones "instantáneas" serán escuchadas?

_____

_____

6.- ¿Qué hizo posible que Dios pudiese responder la oración de Nehemías?

_____

_____

Para Meditar: ¿Qué puede ser hecho para que tu Iglesia entre en una oración persistente para que se produzca el derramamiento de la Lluvia Tardía?

Prudencia y Prevención

Mientras Nehemías imploraba ayuda a Dios, él no se quedó de brazos cruzados, pensando que no tenía más cuidados o responsabilidades en relación a la restauración de Jerusalén. Con admirable prudencia y prevención procedió a hacer todos los arreglos necesarios para asegurar el éxito del emprendimiento. Cada instante fue seguido con mucha atención. Él no reveló sus propósitos ni siquiera a sus coterráneos; aún cuando ellos podrían regocijarse en el éxito de esta misión, él temía que, debido a alguna indiscreción, podrían estorbar su trabajo. Algunos podrían estar dispuestos a manifestar algún tipo de exultación, la cual podría despertar celos en sus enemigos, y tal vez podrían causar la derrota del emprendimiento.

Como su requerimiento hecho al rey fue tan favorablemente recibido, él se sintió incitado a preguntar por la asistencia necesaria para llevar a cabo sus planes. Para darle dignidad y autoridad a su misión, así como para proveer protección durante el viaje, él pidió una escolta militar. Obtuvo cartas reales para los gobernadores de las provincias que estaban más allá del Eufrates, y que era el territorio por el cual tenía que pasar en su viaje hacia Judea; y también obtuvo una carta para el guardador de las forestas del rey en las montañas del Líbano, pidiéndole para que le diera la madera que sería necesaria para restaurar las murallas de Jerusalén y los edificios que él pretendía erigir. Como seguramente no habría ninguna ocasión para que le digan que se estaba excediendo en sus funciones, Nehemías fue cuidadoso en obtener la autoridad y los privilegios que se le estaban otorgando, perfectamente definidos.

El ejemplo de este hombre santo debiera ser una lección para todo el pueblo de Dios, de que no solamente deben orar con fe, sino que tienen que trabajar con diligencia y fidelidad. Cuando encontramos muchas dificultades, cuan a menudo dificultamos la obra de la Providencia a nuestro favor, debido a que pensamos que la prudencia, la prevención y la diligencia no tienen casi nada que ver con religión! Esto es un grave error. Es nuestro deber cultivar y ejercitar cada poder que nos pueda hacer obreros más eficientes para Dios. Cuidadosas consideraciones y planes bien pensados son tan esenciales para el éxito de los emprendimientos sagrados de hoy como de los tiempos de Nehemías. Si todos los que están comprometidos en la obra del Señor entendiesen cuanto depende de su fidelidad y de su sabia prevención, una prosperidad cada vez mayor alcanzaría sus esfuerzos. A través de la timidez y del atraso (reticencia) a menudo fallamos en asegurarnos aquello que es un derecho, de los poderes existentes. Dios actuará por nosotros cuando estemos listos para hacer aquello que podemos hacer y que es nuestra parte hacerlo.

Los hombres de oración deben ser hombres de acción. Aquellos que están listos y deseosos encontrarán caminos y medios para trabajar. Nehemías no dependió de incertidumbres. Los medios de los cuales él carecía, los solicitó de aquel que podía proporcionárselos.

El Señor aún mueve corazones de reyes y de gobernadores para ayudar a Su pueblo. Aquellos que están trabajando para Él, tienen que hacer uso de la ayuda que Él prometió darle al hombre para el avance de Su causa. Los agentes a través de los cuales llegan estas dádivas, podrán abrir caminos a través de los cuales la luz de la verdad podrá ser dada a muchos países que aún están en tinieblas. Puede ser que estos hombres no tengan ninguna simpatía por la obra del Señor, ninguna fe en Cristo, ningún conocimiento de Su Palabra; pero sus dádivas no deben ser rehusadas.

El Señor ha colocado sus bienes en las manos de incrédulos así como de creyentes; todos pueden devolverle lo que le pertenece para hacer la obra que tiene que ser hecha por un mundo caído. Mientras estemos en este mundo, mientras el Espíritu de Dios haga lo posible por los hijos de los hombres, mientras aún recibamos dádivas debemos impartirlos. Debemos darle al mundo la luz de la verdad, de acuerdo a como están reveladas en las Escrituras; y debemos recibir del mundo lo que Dios les ha impelido a dar para ayudar a Su causa.

La obra del Señor puede recibir muchos más favores de los que está recibiendo hasta ahora, si nos aproximáramos con sabiduría a los hombres, haciéndoles conocer la obra, y dándoles una oportunidad de hacer aquello que es nuestro privilegio de inducirles a hacer para su avance. Si nosotros, como siervos de Dios, tomáramos un curso sabio y prudente, Su mano dadivosa nos prosperaría en nuestros esfuerzos.

Algunos podrán cuestionar la propiedad de recibir dádivas de los incrédulos. Dejen que ellos mismos se pregunten: "¿Quién es el real dueño de este mundo? ¿A quién le pertenecen las casas y los campos, y sus tesoros de oro y de plata?" Dios posee abundancia de todo en este mundo, y Él ha colocado Sus bienes en las manos de todos, tanto de los obedientes como de los desobedientes. Él está listo para tocar los corazones de hombres mundanos, aún de los idólatras, para dar de su abundancia para el soporte de Su obra; y Él hará esto tan luego como Su pueblo aprenda a aproximarse de estos hombres con sabiduría y sepan llamar la atención para aquello que es su privilegio hacer. Si las necesidades de la obra del Señor son colocadas bajo una luz conveniente delante de aquellos que poseen medios e influencia, estos hombres pueden hacer mucho para el avance de la causa de la verdad presente. El pueblo de Dios ha perdido muchos privilegios de los cuales podrían haber sacado ventaja si no hubiesen escogido permanecer independientes del mundo.

En la providencia de Dios somos traídos diariamente a la presencia de no convertidos. A través de Su propia mano derecha Dios está preparando el camino delante de nosotros, para que esta obra pueda progresar rápidamente. Como colaboradores con Él, tenemos que hacer una obra sagrada y solemne. Tenemos que tener preocupación por aquellos que están en posiciones elevadas; tenemos que extenderles la graciosa invitación para que vengan a la fiesta de las bodas.

Aún cuando ahora esté casi en su totalidad en manos de hombres inicuos, todo el mundo, con sus riquezas y tesoros, pertenece a Dios. "Del Señor es la tierra, y toda su plenitud". "La plata es mía, y el oro es mío, dice el Señor de los ejércitos". "Cada animal de la foresta es mío, y el ganado sobre miles de colinas. Conozco todos los pájaros de las montañas; y las bestias salvajes del campo son mías. Si yo estuviese hambriento, no te lo contaría a ti; porque el mundo es mío, y toda la plenitud de él también". Oh, ¡que los cristianos puedan entender más y más completamente, que es su privilegio y su deber, mientras estén acariciando principios justos, sacar ventaja de cada oportunidad enviada por el cielo para hacer avanzar el reino de Dios en este mundo! —*Southern Watchman, 15 de Marzo de 1904.*

Guía de Estudio No. 3

Leer: Nehemías 2:7-10.

1.- Haga una lista de las características que tenía Nehemías, las cuales lo calificaban para ser un líder entre el pueblo de Dios.

_____

_____

2.- ¿Qué grupo de características considera usted que son más importantes, aquellas que muestran un a profunda experiencia espiritual o aquellas que muestran habilidades administrativas? Esté preparado para dar razones para su respuesta.

_____

_____

3.- De acuerdo con los primeros cinco párrafos de este capítulo, desarrolle una declaración a respecto de la relación existente entre sabiduría, gerenciamiento progresivo y los asuntos espirituales de la iglesia de Dios.

_____

_____

4.- ¿Bajo cuáles principios Ellen White basó sus posición de que la iglesia de Dios tiene el derecho de recibir dádivas materiales de los "hombres del mundo"?

_____

_____

Para Meditar: Diga lo que Ellen White tiene a decir en relación a "aquello que es un derecho, de los poderes establecidos", con su filosofía sobre separación de la iglesia del estado.

Una Noche de Preparación

La carta real a los gobernadores de las provincias a lo largo de su ruta, le aseguraron a Nehemías una recepción honorable y una rápida asistencia. Y ningún enemigo se atrevió molestar al funcionario que estaba siendo protegido por el poder del rey de Persia y tratado con grandes consideraciones por los gobernadores provinciales. El viaje de Nehemías fue seguro y próspero.

Su llegada a Jerusalén, sin embargo, con la asistencia de una escolta, mostrando que él había venido en una misión importante, excitó los celos y el odio de los enemigos de Israel. Las tribus paganas acampadas cerca de Jerusalén, habían previamente terminado (indultado) su enemistad contra los Judíos, colocando sobre ellos cada insulto e injuria que se habían atrevido a imponer. El más importante en este perverso trabajo eran ciertos jefes de estas tribus, Sanbalat el horonita, Tobías el amonita, y Gesem el árabe; y desde este tiempo en adelante estos líderes miraban con ojos celosos los movimientos de Nehemías, y se esforzaron por todos los medios en su poder para obstaculizar sus planes y dificultar su trabajo.

Nehemías continuó ejercitando la misma precaución y prudencia que había marcado hasta ahora su trabajo. Sabiendo que había un implacable y determinado enemigo listo para oponerse a cualquier esfuerzo para la restauración de Jerusalén, él ocultó la naturaleza de su misión hasta que un estudio de la situación le permitiera estructurar bien sus planes. Así estuvo preparado para asegurar la cooperación del pueblo y los puso a trabajar antes que sus enemigos tuvieran la oportunidad de despertar sus temores o sus prejuicios.

Nehemías fue grandemente honrado por Dios, y le fueron confiadas grandes responsabilidades; pero no por causa de esto, actuó de una manera autosuficiente e independiente. Seleccionó algunas personas que él sabía que eran de confianza, y a ellos les contó las circunstancias por las cuales había venido a Jerusalén, el objetivo a ser alcanzado, y los métodos que pretendía emplear. Así se aseguró su asistencia en este importante emprendimiento.

A la tercera noche después de su llegada, al estar despierto por causa de las preocupaciones que tenía por delante, se levantó a media noche, y con algunos compañeros fieles, salió para ver por si mismo la desolación de Jerusalén. Montó en su mula, se dejó guiar por la luz de la luna y recorrió las murallas caídas y las puertas destrozadas de la ciudad de sus padres. Dolorosas eran las reflexiones que llenaban la mente del patriota Judío. Los recuerdos de la pasada gloria de Israel estaban en agudo contraste con las evidencias de su actual degradación. Por haber desestimado la palabra de Dios, por haber rechazado la censura, y por haberse negado a corregir sus caminos, fue permitido que fuese reducido su poder y su gloria entre las naciones. El pueblo por quien Dios había operado tan maravillosamente, que había malgastado sus privilegios, que había desestimado sus consejos, y que se había unido a sus enemigos, hasta que Él tuvo que retirar de ellos Su propia presencia y protección.

Con un corazón agobiado de dolor, el visitante contempló de lejos las arruinadas defensas de su querida Jerusalén. ¿Y no es así que los ángeles del cielo examinan la condición de la iglesia de Cristo? Como los moradores de Jerusalén, nos hemos acostumbrado a las maldades existentes, y a menudo estamos contentos y no hacemos ningún esfuerzo por remediarlas. ¿Pero cómo son consideradas estas maldades por los seres divinamente iluminados? ¿No será que, al igual que Nehemías, miran con corazones agobiados por el dolor sobre las murallas en ruina, y sobre las puertas quemadas por el fuego?

¿Acaso no saltan a la vista por doquier las vergonzosas evidencias de estar dando la espalda a Dios, y de conformarse a un mundo amador del pecado y aborrecedor de la verdad? En estos días de tinieblas y peligros, ¿quién puede defender a Sión y mostrarle algún bien? Su estado espiritual y esperanzas no están de acuerdo con la luz y con los privilegios otorgados por Dios.

Para muchos de los profesos seguidores de Cristo hoy en día se aplican los mismos consejos que le fueron dados al pueblo de Israel cuando el Señor dijo a través de Sus profetas, "A ellos les ha gustado vagar, no han refrenado sus pies, por eso el Señor no los acepta; Él les recordará ahora sus iniquidades y visitará sus pecados".

En secreto y en silencio Nehemías completó su inspección de las murallas. Declaró, "los oficiales no sabían a dónde yo había ido ni qué había hecho. Todavía no lo había declarado yo a los judíos y sacerdotes, ni a los nobles y oficiales, ni a los demás que hacían la obra" (Neh. 2:16). En esta penosa inspección él no quiso atraer la atención ni de sus amigos ni de sus enemigos, ni permitió que fuese creada una excitación, ni que sean colocados informes en circulación que pudieran derrotar, o al menos perturbar, su trabajo.

Nehemías dedicó el restante de la noche a orar; en la mañana tendrían que ser hechos grandes esfuerzos para despertar y unir su deprimido y dividido país. —*Southern Watchman, 22 de Marzo de 1904.*

Guía de Estudio No. 4

Leer: Nehemías 2:11-16.

1.- Liste tres cosas que Nehemías hizo que mostró una vez más que él era un sabio administrador y un líder espiritual del pueblo de Dios.

a)
b)
c)

2.- Liste tres pecados que hicieron con que Dios retirara Su especial presencia y protección de Su pueblo.

a)
b)
c)

3.- ¿A qué fueron comparadas las defensas arruinadas de Jerusalén?

_____

_____

Nota: Nehemías hizo preparativos materiales para la reconstrucción de Jerusalén, pero el pueblo tuvo que ser despertado y unido. Esto se conseguiría solamente a través de un reavivamiento espiritual. Responda las siguientes preguntas:

a) Si la iglesia hoy en día se puede comparar realmente con Jerusalén cuando estaba en ruinas, ¿cómo se puede obtener un reavivamiento espiritual?

_____

_____

b) ¿Entre quiénes dentro de la iglesia debiera comenzar el reavivamiento?

c) ¿Quién debiera tomar el liderazgo de un reavivamiento?

4.- Las siguientes palabras escritas por Ellen White en 1887 aún son verdaderas hoy en día. La iglesia de Dios en los últimos días necesita un Nehemías.

"Un genuino reavivamiento entre nosotros es la mayor y la más urgente de todas nuestras necesidades. Buscarla debe ser nuestro primer objetivo. Deben hacerse fervorosos esfuerzos para obtener las bendiciones del Señor, no porque Dios no esté dispuesto a otorgar Sus bendiciones sobre nosotros, sino porque no estamos preparados para recibirlas. Nuestro Padre celestial está más deseoso de dar Su Espíritu Santo a aquellos que se lo piden, que los padres terrenales en darles buenos regalos a sus hijos. Pero es nuestro deber, a través de la confesión, humillación, arrepentimiento, y fervorosa oración, cumplir las condiciones bajo las cuales Dios ha prometido otorgarnos Sus bendiciones. Un reavivamiento deberá ser esperado solamente como respuesta a la oración" —*1 Mensajes Selectos:121.*

Para Meditar:

1.- ¿Cuáles son las cuatro condiciones bajo las cuales Dios ha prometido darle a Su iglesia el Espíritu Santo?

2.- ¿Cree usted que la iglesia está lista para alcanzar estas condiciones de manera que Dios pueda cumplir Su promesa? Si su respuesta es positiva, deme sus razones por las cuales piensa de esa manera. Si su respuesta es negativa, ¿cuándo cree usted que la iglesia estará lista para alcanzar las condiciones?

Asegurando la Cooperación del Pueblo

Aún cuando Nehemías llevaba una comisión real la cual requería que los habitantes cooperaran con él en la reconstrucción de las murallas de la ciudad, él escogió no depender del mero ejercicio de la autoridad. Trató de ganarse la confianza y la simpatía del pueblo, sabiendo muy bien que una unión de corazón y de manos eran esenciales para el éxito de la gran obra que había emprendido. Cuando llamó al pueblo para que se juntasen en la mañana, presentó argumentos que despertaran sus dormidas energías y que uniesen los que estaban tan dispersos.

Ellos no sabían, ni él les había dicho, a respecto del paseo nocturno que él había hecho durante la noche mientras ellos estaban durmiendo. Sin embargo, esa misma circunstancia contribuyó grandemente para su éxito. Él estaba preparado para hablar a respecto de la condición de la ciudad con una precisión y una minuciosidad que los asombró a todos, mientras que la contemplación actual de la maldad y degradación de Israel impresionó grandemente sus corazones, le dio sinceridad y poder a sus palabras. Presentó delante del pueblo su condición como objeto de reproche entre los paganos. La nación que una vez había sido tan grandemente favorecida por Dios al punto de causar el terror de todos los países vecinos, se había vuelto ahora un objeto de burla y un siseo. Su religión estaba deshonrada, su Dios blasfemado.

Entonces él les contó como, en un país distante, él había escuchado al respecto de sus aflicciones, como había implorado el favor de Dios en su beneficio, y como, mientras estaba orando, el plan se había ido formando en su mente, de solicitar el permiso del rey para poder venir a ayudarlos. Él le había pedido a Dios que el rey no sólo podría permitirle que fuese a Jerusalén, sino que lo invistiese de autoridad y otorgase la ayuda necesaria para la obra. Su oración había sido respondida de una manera tal, que mostraba claramente que todo el problema estaba en las manos del Señor. Y habiéndoles mostrado todo el problema, haciéndoles así saber que él estaba siendo sostenido por la autoridad combinada del rey de Persia y el Dios de Israel, Nehemías colocó así al pueblo en contacto directo con el problema de si irían a sacar provecho de esta ocasión y si se levantarían con él para reconstruir las murallas.

Este apelo les llegó directamente a sus corazones; la manifestación del favor del cielo hacia ellos alejó sus temores. Con un nuevo coraje gritaron todos a una, "Levantémonos y trabajemos".

La santa energía y la gran esperanza de Nehemías fueron comunicadas al pueblo. A medida que aceptaban ese espíritu, alcanzaron momentáneamente el nivel moral de su líder. Cada uno, es su propia esfera, era una especie de Nehemías; y cada uno fortalecía y apoyaba a su hermano en la obra.

Hoy día se necesitan Nehemías en la iglesia, no solamente hombres que sepan apenas predicar y orar, sino que hombres cuyas oraciones y sermones estén circundados de firmes y vehementes propósitos. El curso seguido por este Hebreo patriota en el cumplimiento de sus planes, debiera ser seguido por los ministros y por el liderazgo. Cuando hayan establecido sus planes, debieran presentarlos a la iglesia de tal forma que capte su interés y su cooperación. Dejen que el pueblo entienda los planes y compartan el trabajo, y tendrán un interés personal en su prosperidad. El éxito obtenido por los esfuerzos de Nehemías muestra lo que la oración, la fe, la sabiduría y la enérgica acción pueden obtener. La fe viva llevará a una acción enérgica. El espíritu manifestado por el líder será, en gran medida, reflejado por el pueblo. Si los líderes que profesan creer en las solemnes e importantes verdades que probarán al mundo en este tiempo, no manifiestan un celo ardiente para preparar al pueblo a permanecer en pie en el día del Señor, entonces podemos esperar que la iglesia sea descuidada, indolente y amante de los placeres. —*Southern Watchman, 29 de Marzo de 1904.*

Guía de Estudio No. 5

Leer: Nehemías 3:1-14.

1.- Nehemías es tenido por Ellen White como un ejemplo apropiado de liderazgo dentro de la corporación que llamamos iglesia de Dios. Haga una lista de las cualidades del liderazgo identificado por ella en este artículo.

a)   c)
b)   d)

2.- ¿Qué "ley espiritual" es reflejada por Ellen White en "Hoy día se necesitan ..."?. Ver Oseas 4:9.

_____

_____

3.- ¿Qué respuesta le dio usted a la pregunta 3c de la Guía de Estudio 4? En base al párrafo citado anteriormente ("Hoy día se necesitan ...), estaría usted ahora dispuesto a cambiar su respuesta? ¿Por qué?

_____

_____

4.- ¿En qué nivel de liderazgo cree usted que podría ser mejor iniciado un reavivamiento?

a) A nivel de la Unión
b) A nivel de la Conferencia General
c) A nivel de la iglesia local

Para Meditar:

1.- ¿Qué parte cree usted que puede tomar en un reavivamiento?
_____
_____

2.- ¿Sería su participación diferente si el reavivamiento fuese iniciado en la Conferencia General o en la Unión?
_____
_____

"Celoso de Buenas Obras"

Entre los primeros que se contagiaron con el espíritu de celo y sinceridad de Nehemías estaban los sacerdotes de Israel. Desde la posición de influencia que ocupaban, estos hombres podían hacer mucho ya sea para obstaculizar o hacer avanzar la obra. Su pronta cooperación desde el principio contribuyó mucho para el éxito. Así debiera ser en todo emprendimiento sagrado. Aquellos que ocupan posiciones de influencia y responsabilidad en la iglesia debieran tomar la delantera en la obra de Dios. Si ellos se mueven de mala gana, los demás ni siquiera se van a mover. Pero "su celo provocará a muchos". Cuando sus luces brillen abundantemente, miles de antorchas se encenderán con su llama.

La mayoría de los nobles y gobernadores de Israel vinieron a cumplir su trabajo; pero habían unos pocos, los nobles Tecoitas, quienes "no se prestaron a ayudar a la obra de su Señor". Mientras los fieles constructores tenían una mención honorable en el libro de Dios, el recuerdo de estos sirvientes flojos está marcado con la vergüenza, y están colocados allí para advertencia a todas las generaciones futuras.

En cada movimiento religioso existen algunos que, no pudiendo negar que se trata del trabajo de Dios, permanecerán apartados, rehusándose a hacer cualquier esfuerzo para hacer avanzar la obra. Pero en empresas que promuevan sus intereses egoístas, estos hombres son a menudo los más activos y enérgicos trabajadores. Sería bueno recordar que los registros que hay arriba, en el libro de Dios, en el cual todos nuestros motivos y nuestras obras están escritas, en aquel libro en el cual no existen omisiones, donde no hay errores, es a través del cual seremos juzgados. Allí aparecerán registradas todas las oportunidades de haber hecho algún servicio para Dios, y cada acto de fe y de amor, aún cuando haya sido humilde, será mantenido en permanente recuerdo. Contra la inspiradora influencia de la presencia de Nehemías, el ejemplo de los nobles Tecoitas tuvo poca influencia. El pueblo en general estaba animado con un corazón y una alma de patriotismo y de cariñosa actividad. Hombres de habilidad y de influencia organizaron las diversas clases de ciudadanos en compañías, siendo que cada líder se hacía él mismo responsable por la reconstrucción de cierta porción de la muralla. Era una grata visión para Dios y para los ángeles ver las ocupadas compañías trabajando armoniosamente en las destruidas murallas de Jerusalén, y fue un sonido de gozo el escuchar el ruido de las herramientas de trabajo desde la mañanita "hasta que aparecieran las estrellas".

El celo y la energía de Nehemías no disminuyeron ahora que la obra ya había comenzado. Él no cruzó sus brazos, pensando que podría dejar caer la carga. Con incesante vigilancia constantemente supervisó la obra, dirigiendo los trabajadores, haciendo notar cada obstáculo, y solucionando cada emergencia. Su influencia era constantemente sentida a lo largo de aquellos 5 Km de muralla. Con palabras oportunas animaba al temeroso, aprobaba al diligente, o levantaba al rezagado. Y nuevamente observaba con ojos de águila los movimientos de sus enemigos, los cuales a veces se reunían a cierta distancia en aparentemente sinceras conversaciones, como si estuvieran conspirando maldades, y entonces, acercándose a los trabajadores, trataban de desviar su atención y de obstaculizar la obra. Mientras el ojo de todo trabajador sea a menudo dirigido a Nehemías, el cual estaba listo para detectar cualquier peligro, su ojo y su corazón era elevado a Dios, el gran Vigilante de toda la obra, Aquel que colocó en el corazón de su siervo la voluntad de reconstruir. Y a medida que la fe y el coraje se fortalecían en sus propios corazones, Nehemías exclamó, y sus palabras, repetidas y ecoadas, conmovieron los corazones de los trabajadores a lo largo de todo el frente de trabajo: "¡El Dios del cielo, nos prosperará!". —*Southern Watchman, 5 de Abril de 1904.*

Guía de Estudio No. 6

Leer: Nehemías 3:15-32.

1.- ¿Qué eran capaces de hacer los sacerdotes de Israel?

_____

_____

2.- Tomando como base lo que Ellen White dice en el primer párrafo, ¿quién debiera ser el primero en la obra de reavivamiento dentro de la iglesia?

_____

_____

3.- ¿Qué le sucedería al pueblo de Dios cuando vean el fuego del reavivamiento ardiendo fuertemente entre aquellos que tienen posiciones de influencia?

_____

_____

4.- Mire rápidamente los siguientes pasajes. 2 Crónicas 17:1-9; 29:1-11, 35-36; 30:1-5, 18-22; 36.

a) Responda a la siguiente pregunta: en cada una de las grandes experiencias de reavivamiento del Antiguo Testamento, ¿quién estuvo en el frente liderando al pueblo de vuelta a Dios?

_____

_____

b) Responda lo siguiente: los reavivamientos en el Antiguo Testamento dependían del liderazgo del rey, ya que Israel estaba bajo una teocracia y el rey era el representante de Dios. Sin embargo, la iglesia hoy no está bajo una teocracia; por ello, un reavivamiento ahora, no depende del envolvimiento del liderazgo.

_____

_____

Nota: Cuando Israel estuvo sin rey, como durante el tiempo de Esdras y Nehemías, y ellos experimentaron un reavivamiento, todos aquellos que ocupaban posiciones de liderazgo estaban al frente liderando al pueblo en el reavivamiento.

5.- ¿Habrá alguna vez un envolvimiento del 100% en un reavivamiento por parte de aquellos que dicen ser el pueblo de Dios? ¿Cuáles podrían ser las causas de esto?

_____

_____

Nota: "A menos que estemos avanzando diariamente en la ejemplificación de las virtudes cristianas activas, no reconoceremos las manifestaciones del Espíritu Santo en la Lluvia Tardía. Podrá estar siendo derramada en los corazones de los que están a nuestro alrededor, pero no la discerniremos o no la recibiremos" Testimonios para Ministros: 507.

Para Meditar: ¿Cómo se imagina usted el comienzo y el mantenimiento de un reavivamiento entre la congregación de su iglesia?

_____

_____

Burla y Desaliento

Aquellos que están restaurando las defensas de Jerusalén no avanzaron en su trabajo sin que fueran molestados. Satanás estaba ocupado en levantar oposición y creando desaliento. Los principales agentes en este movimiento fueron Sanbalat el horonita, Tobías el amonita, y Gesem el árabe. Estos idólatras habían exultado de la debilidad y de las condiciones indefendibles de los Judíos, y se habían burlado de su religión, y habían ridiculizado su ciudad devastada. Y cuando la obra de reconstrucción de la muralla ya había comenzado, ellos, con un celo perverso, los pusieron para obstaculizar el emprendimiento. Para conseguir esto, trataron de causar división entre los trabajadores sugiriendo dudas y levantando incredulidades en cuanto al éxito de la empresa. También ridiculizaron los esfuerzos de los trabajadores, declarando la empresa como una imposibilidad, y prediciendo una falla vergonzosa.

"¿Qué están haciendo estos débiles Judíos?" exclamó Sanbalat, burlonamente. "Se les permitirá volver a ofrecer sus sacrificios? ¿Acabarán en un día? ¿Resucitarán de los montones del polvo las piedras que fueron quemadas?" Tobías, queriendo ser aún más sarcástico y despreciativo, añadió, "lo que ellos edifican del muro de piedra, si sube una zorra lo derribará".

Los trabajadores de la muralla se vieron muy luego acosados por una oposición más activa. Fueron compelidos a estar continuamente en guardia contra los complots de sus incansables adversarios. Los emisarios del enemigo se empeñaron en destruir su coraje a través de la circulación de falsos informes; se formaron conspiraciones con varios pretextos para hacer con que Nehemías cayese en sus propias trampas; se encontraron Judíos de corazones falsos listos para ayudar en este engañoso emprendimiento. Nuevamente, se distribuyó un informe que decía que Nehemías estaba planeando una rebelión contra el monarca de Persia, tratando de exaltarse a sí mismo como rey de Israel, y de que todos los que lo ayudaran eran traidores.

Emisarios del enemigo, profesando amistad, mezclándose con los trabajadores, sugiriendo cambios en los planes, tratando por diversos medios de distraer la atención de los trabajadores, para causar confusión y perplejidad, y para levantar desconfianza y sospechas. Y los planes establecidos para el avance de la obra eran informados a través de estos espías al enemigo, permitiendo de esta manera que ellos trabajaran aún con más efectividad para desbaratar el propósito de los trabajadores.

Pero Nehemías continuaba mirando hacia Dios en busca de guía y ayuda, y la obra continuo adelante hasta que las brechas fueron cerradas, y toda la muralla llegó hasta la mitad de la altura prevista. Cuando los enemigos de Israel vieron que todos sus esfuerzos habían sido en vano, se pusieron furiosos. Hasta aquí no se habían atrevido a usar métodos violentos; porque Nehemías y sus compañeros estaban actuando bajo la comisión del rey, y cualquier oposición activa podría hacer caer sobre ellos mismos el disgusto del monarca.

Pero ahora, en su ciega pasión, ellos mismos se volvieron culpables del crimen de rebelión del cual habían acusado tan vehementemente a Nehemías. Habiéndose reunidos en asamblea para tomar decisiones, ellos "conspiraron luego todos a una para venir a atacar a Jerusalén".

La experiencia de Nehemías se repite en la experiencia del pueblo de Dios en estos tiempos. Aquellos que trabajan en la cause de la verdad encontrarán que no la pueden llevar a cabo sin excitar el odio de sus enemigos. Aún cuando han sido llamados por Dios para realizar el trabajo en el cual están comprometidos, y su dirección está siendo aprobada, no pueden escapar al reproche y a la burla. Serán denunciados como siendo visionarios, de poca confianza, intrigadores, hipócritas, cualquier cosa, con tal de lograr el propósito de sus enemigos. Las cosas más sagradas serán representadas bajo una luz de ridículo para así divertir a los no creyentes. Un poquito de sarcasmo y de baja sutileza, unida con envidia, celos, impiedad y odio, es suficiente como para excitar el júbilo del burlón profano. Y estos presuntuosos burlones agudizaron conjuntamente su ingeniosidad y se envalentonaron los unos con los otros en su obra blasfema. El desprecio y la burla son realmente dolorosos para la naturaleza humana; pero tienen que ser resistidos por todos aquellos que quieren permanecer fieles a Dios. Es política de Satanás hacer con que las almas no hagan la obra que el Señor les ha dejado para que hagan.

No debemos confiar en burladores orgullosos; sin embargo, así como Satanás encontró en las cortes celestiales una compañía que simpatizase con él, así estos se encuentran entre los profesos seguidores de Cristo, aquellos que ellos pueden influenciar, que creen honestamente en ellos, los que simpatizan con ellos, que suplican en su favor, y que se llenan de su espíritu. Aquellos que están en desacuerdo en casi todas las cosas, se unirán en perseguir a los pocos que se atreven a proseguir en el recto camino del deber. Y la misma enemistad que lleva al desdén y a la burla, inspirará, en una oportunidad favorable, más violencia y métodos crueles, especialmente cuando los obreros de Dios son activos y de mucho éxito. —*Southern Watchman, 12 de Abril de 1904.*

Guía de Estudio No. 7

Leer: Nehemías 4:1-6.

1.- Identifique tres agentes usados por Satanás para obstaculizar la obra de la reconstrucción.

_____

_____

2.- Liste ocho tácticas empleadas por Satanás para guerrear contra el pueblo de Dios.

a)   e)
b)   f)
c)   g)
d)   h)

3.- De las ocho tácticas listadas anteriormente, ¿cuál crees tu que fue la más pérfida?

_____

_____

Nota: Cuando el pueblo de Dios hoy día coloca en sus corazones buscar un reavivamiento de genuina devoción, pueden esperar con que aparezca la persecución. "Revivan la fe y el poder de la iglesia primitiva, y el espíritu de persecución revivirá también y el fuego de la persecución volverá a encenderse" Conflicto de los Siglos: 52.

4.- ¿A través de qué medios trata Satanás de desviar al pueblo de hacer la obra de Dios?

_____

_____

5.- ¿En quiénes no debemos confiar?

_____

_____

6.- Entre aquellos que profesan ser el pueblo de Dios, ¿quiénes se volverán contra aquellos que están tratando de ser obedientes a su deber?

_____

_____

7.- ¿Qué hará finalmente la enemistad que produce desdén y burla?

_____

_____

Para Meditar: Con el énfasis en los derechos individuales que existen en los Estados Unidos, ¿cómo será posible que este país se vuelva un poder perseguidor?

Insatisfacción Entre Los No Creyentes

Algunos de los líderes entre los Judíos, estando insatisfechos, trataron de desanimar a Nehemías exagerando las dificultades existentes en la obra, y representaron al pueblo como si estuviesen exhaustos por su excesivo trabajo. Ellos dijeron, "Las fuerzas de los acarreadores se han debilitado y el escombro es mucho; no podremos reconstruir el muro".

Nuevamente, el intento de intimidar al pueblo a través de informes diciendo que grandes ejércitos se estaban preparando para atacar la ciudad: "Nuestros enemigos dijeron, que no sepan ni vean hasta que entremos en medio de ellos, los matemos y hagamos cesar la obra". Fue la ayuda y el estímulo recibido por parte de los traidores del campamento que hizo con que los enemigos de Israel hiciesen esas amenazas. Y los traidores informaron estas amenazas con el único propósito de aterrorizar y desanimar a los reconstructores del muro.

"Pero sucedió que cuando venían los judíos que vivían entre ellos, nos decían una y otra vez: De todos los lugares donde habitan, ellos caerán sobre vosotros". Estas palabras alarmantes fueron dadas por aquellos que no estaban trabajando en la obra. Ellos estaban juntando las declaraciones y los informes de sus enemigos, y los traían hasta donde estaban los trabajadores para desanimarlos y para producir insatisfacción. Entonces cada palabra de queja, desconfianza, sospecha, o incredulidad emitidas por los trabajadores, con todas las demás conjeturas y conclusiones de los que traían las noticias, eran informados con vehemencia afuera de las murallas, y circulaban entre aquellos que menospreciaban a los judíos y trataban así de obstaculizar su prosperidad.

Las mismas dificultades son experimentadas por aquellos que ahora están tratando de reconstruir las brechas hechas en la ley de Dios. Los siervos del Señor deben esperar todo tipo de oposición. Serán probados, no sólo a través de la ira, desprecio y crueldad de sus enemigos, sino que a través de la indolencia, inconsistencia, tibieza y traición de amigos y de ayudadores. A medida que tratemos de hacer avanzar la causa de la verdad, y de preparar un pueblo que pueda permanecer en pie en el día del Señor, seremos llevados directamente contra las costumbres y prácticas del mundo. Pero hay entre nosotros buscadores de placeres, que no están trabajando para alcanzar la alta norma de los requerimientos divinos, que aman el espíritu y la influencia del mundo más que la verdad o la prosperidad de la causa de Dios. Estos elementos no consagrados son usados por Satanás para conseguir sus propósitos. Mientras aún hacen parte del pueblo de Dios, ellos se unen con el enemigo, y así la obra del Señor queda abierta a los ataques de sus más implacables enemigos, y los argumentos provistos por los profesos amigos de la verdad son empleados para destruir la confianza, el ánimo y la fe de los trabajadores que son tan fácilmente desanimados.

Aún algunos que parecen desear el éxito de la obra de Dios, debilitarán sin embargo las manos de sus siervos al escuchar, informar, y al creer parcialmente las calumnias, los boatos y las amenazas de sus adversarios. Aquellos que parecen ser almas honestas son a veces engañados a través de la influencia de hombres ambiciosos y turbulentos. Satanás trabaja con un éxito maravilloso a través de sus agentes; y todo aquel que ceda a su influencia está sujeto a un poder hechizador que destruye la sabiduría del sabio y el entendimiento del prudente. Así ellos mismos permiten que sean perjudicados, extraviados y engañados. Por esta razón, muchos cuyas vidas son un reproche para la causa de la verdad, tendrán éxito en levantar desconfianza y sospecha de aquellos con los cuales Dios está trabajando.

¡Cuan activo es en una crisis, el espíritu de rebelión, la lengua maligna! ¡Cuan vehementemente van a reunir rumores circulantes, para hacerlos llegar a los más implacables enemigos de Dios, para desparramarlos como semillas de cardo, para producir una cosecha de maldad! Y cuando se ve el resultado, en la desolación, en la reincidencia, en la apostasía, entonces los que han hecho el trabajo que Satanás les ha dicho que hagan, están listos para hacer recaer los resultados sobre los fieles trabajadores a los cuales han obstaculizado, sobrecargado y afligido. Pero cada acción de los hombres está registrada en los libros del cielo, y ningún disfraz puede allí ocultar los motivos que originaron la acción. Aquellos que obedecen a Dios serán honrados por Él.

Entre gran desaliento, Nehemías hizo de Dios su confianza; y aquí está nuestra defensa. Un recuerdo de lo que Dios ha hecho por nosotros probará ser una ayuda en cada situación peligrosa. "El que no escatimó ni a Su propio Hijo, sino que Lo entregó por todos nosotros, ¿cómo no nos dará también con Él todas las cosas? (Rom. 8:32). Y "si Dios es por nosotros, ¿quién será contra nosotros?" (Rom. 8:31). No importa cuan fuertes sean las conspiraciones de Satanás y de sus agentes, Dios puede detectarlas, y hacer con que todos sus consejos queden convertidos en nada. —*Southern Watchamn, 19 de Abril de 1904.*

Guía de Estudio No. 8

Leer: Nehemías 4:7-11.

1.- ¿Quién entre los judíos asumió el papel de traidor para detener la obra de reconstrucción tratando de desanimar a Nehemías y de descorazonar al pueblo?

___

___

2.- ¿Cómo se acercaron para tratar de conseguir su objetivo?

___

___

3.- ¿Cuál era la relación entre estos judíos traidores y la obra que el pueblo fue llamado a hacer para Dios?

___

___

4.- ¿Qué deben esperar enfrentar hoy día los obreros de Dios?

___

___

5.- ¿A quiénes culparon los traidores de la causa de Dios, por los problemas existentes en la iglesia?

___

___

Para Meditar: ¿Cuál es la diferencia, en sus efectos, cuando un líder asume un papel de traidor y cuando un laico asume este papel?

Perseverancia Animadora

La más implacable oposición, las amenazas más atrevidas del enemigo, apenas hicieron con que Nehemías se inspirara con más firme determinación y hacer con que él fuese estimulado a una mayor vigilancia. "Entonces", dijo él, "oramos a nuestro Dios, y por culpa de ellos montamos guardia contra ellos de día y de noche" (Neh. 4:9). "Entonces puse al pueblo por familias, con sus espadas, con sus lanzas y con sus arcos, por las partes bajas del lugar, detrás del muro y en los sitios abiertos. Después miré, me levanté y dije a los nobles, a los oficiales y al resto del pueblo: No temáis delante de ellos; acordaos del Señor, grande y temible, y pelead por vuestros hermanos, por vuestros hijos y por vuestras hijas, por vuestras mujeres y por vuestras casas. Cuando supieron nuestros enemigos que estábamos sobre aviso, y que Dios había desbaratado sus planes, nos volvimos todos al muro, cada uno a su tarea. Desde aquel día la mitad de mis siervos trabajaba en la obra, y la otra mitad se mantenía armada con lanzas, escudos, arcos y corazas". "Los que edificaron el muro, los que acarreaban y los que cargaban, con una mano trabajaban en la obra y con la otra sostenían la espada. Porque los que edificaban, cada uno tenía su espada ceñida a la cintura, y así edificaban" (Neh. 4:13-18).

Al lado de Nehemías había un trompetista, y en diferentes partes de la muralla estaban apostados algunos sacerdotes con sus sagradas trompetas. El pueblo estaba diseminado haciendo sus labores; pero cuando surgía algún peligro en cualquier punto, era dada una señal para que fuesen allá sin demora. Entonces los sacerdotes daban la alarma con las trompetas como una señal de que Dios iría a pelear por ellos. "Así pues, mientras trabajábamos en la obra desde la subida del alba hasta que salían las estrellas, la mitad de ellos montaba guardia con la lanza en la mano" (Neh. 4:21). Aquellos que vivían en pueblos y villas fuera de Jerusalén se les ordenó que se hospedaran dentro de las murallas, tanto para cuidar la obra durante la noche como para que estuvieran listos para trabajar en la mañana. Esto evitaba atrasos innecesarios, y además, suprimiría la oportunidad, con la cual los enemigos se habrían encantado, de atacar a los trabajadores mientras iban o volvían de sus casas, o perjudicándolos o desanimándolos a través de amenazas.

Nehemías y sus compañeros no se acobardaron ante las pruebas ni se excusaron del fatigoso servicio. Ni de noche ni de día, ni durante el corto periodo que daban para dormir, no se sacaron la ropa ni dejaron a un lado las armas. "Y ni yo ni mis hermanos, ni mis jóvenes ni la gente de guardia que me seguía, nos quitamos nuestro vestido; cada uno se desnudaba solamente para bañarse" (Neh. 4:23).

Nehemías estaba comprometido en una obra importante, una obra que estaba relacionada con la prosperidad de la causa de Dios. Todo esfuerzo previamente efectuado para alcanzar ese objetivo había fallado, debido a una falta de fe genuina y unión de esfuerzo entre los Judíos. Los Samaritanos, disfrazando su enemistad bajo una pretendida fidelidad al rey de Persia, habían tenido éxito en causar la interrupción de la obra. El celo y el amor genuino entre los Judíos había fallado una y otra vez en sus propósitos. Pero con la fuerza de Dios, Nehemías determinó que los adversarios no obstaculizarían la obra nuevamente. Los desdeñadores del Dios del cielo serían decepcionados. Su política satánica no tendría éxito si el pueblo de Dios cerrase las puertas al enemigo y trabajase armoniosamente para hacer la divina voluntad. El enemigo no podría entrar a menos que las puertas fuesen abiertas por traidores que estuviesen dentro de la ciudad.

Si somos leales y verdaderos, cada ataque del enemigo nos llevará a una relación más firme con Dios, y a esfuerzos más decididos para llevar adelante Su obra contra todas las influencias opositoras.

"Conoce, pues, que Jehová, tu Dios, es Dios, Dios fiel, que guarda el pacto y la misericordia a los que le aman y guardan sus mandamientos, hasta por mil generaciones" (Deut. 7:9). —*Southern Watchamn, 26 de Abril de 1904.*

Guía de Estudio No. 9

Leer: Nehemías 4:12-23.

1.- ¿Qué hizo Nehemías para enfrentar las amenazas de ataques armados?

a)   c)

b)   d)

2.- ¿Por qué habían fallado los esfuerzos anteriores en reconstruir Jerusalén?

_____

_____

3.- ¿Qué tiene que hacer el pueblo de Dios para derrotar los engaños de Satanás?

_____

_____

Para Meditar: ¿Qué principios básicos se pueden obtener del éxito de Nehemías para aplicarlos a la obra de Dios hoy día?

Una Reprensión Contra los Extorsionadores

Las murallas de Jerusalén no estaban aún totalmente restauradas cuando la atención de Nehemías fue solicitada a la infeliz condición de la clase más pobre del pueblo. En el estado calamitoso en que estaba el país, el cultivo de la tierra había sido de alguna manera negligenciado. Aún más, debido a su separación de Dios, Su bendición no había sido derramada sobre sus campos. El resultado fue una escasez de granos. Para obtener comida para sus familias, los pobres fueron obligados a comprar a crédito y a un precio exorbitante. También fueron compelidos a obtener dinero pidiendo prestado a interés, para pagar tributo al rey de Persia. El pueblo de Israel no estaba en la prosperidad como cuando el Señor los bendecía debido a su obediencia. A causa de sus pecados, sus defensas fueron derribadas y el Señor había permitido que otras naciones los venciesen. Bajo las leyes de un rey idolátrico, fueron colocados altos impuestos sobre ellos; la propiedad, la libertad y la vida parecía a merced de esos poderes impíos.

Aún cuando no tenían ninguna intención de rebelarse contra el rey de Persia, ellos habían esperado que a través del arrepentimiento y de una reforma, volverían a tener el favor de Dios, y que serían restaurados a su libertad anterior. Hasta ahora sus esperanzas no se habían concretizado. El dinero del tributo para el rey tenía que ser recogido a su debido tiempo. Para colmo de males, el más rico sacaba ventaja de sus necesidades, obteniendo hipotecas de sus campos y agregándolas a sus posesiones ya existentes. También practicaron la usura en todos los préstamos en dinero. Esto redujo muy rápido a los infelices deudores a la más profunda pobreza, y muchos fueron forzados a vender a sus hijos e hijas a la servidumbre. Aparentemente no había ninguna esperanza de poder mejorar sus condiciones, ni tampoco recuperar sus campos ni sus hijos, ninguna perspectiva delante de ellos a no ser la perpetua esclavitud. Y sin embargo eran de la misma nación, niños del pacto iguales con sus hermanos más favorecidos. Tenían la misma afección por sus niños así como los demás la tenían. Su infortunio no había sido causado por la indolencia o por la prodigalidad. Habían sido compelidos a contraer deudas por causa de la falta de cosechas, y por pagar altos impuestos.

Como un último recurso, presentaron su caso a Nehemías. El alma de este hombre de Dios se llenó de indignación a medida que escuchaba acerca de la cruel opresión que existía entre su propio pueblo. Resolvió hacer justicia; sin embargo no se movió precipitadamente en esta materia. Sintió que Dios había colocado sobre él grandes responsabilidades y él debía ser fiel a su confianza. "Me enojé mucho", dijo él, "cuando oí su clamor y estas palabras. Después de meditarlo bien..." Él tomó tiempo para sopesar toda la situación y para idear planes. Y entonces con su característica energía y determinación, ejerció su influencia y autoridad para ayudar a sus oprimidos hermanos.

El hecho de que los opresores fuesen hombres de riquezas, cuyo soporte era grandemente necesario en la obra de restauración de la ciudad y de sus defensas, no lo desvió ni por un momento de su propósito. Habiendo primeramente reprendido fuertemente a los nobles y gobernadores, presentó el caso en una asamblea del pueblo, mostrando claramente cuales eran los requerimientos de Dios en este caso y urgiéndolos bajo la atención de los que estaban escuchando.

Eventos similares habían ocurrido en el reinado del apóstata Acaz, y Dios envió un mensaje a Israel reprendiendo su crueldad y opresión. Los hijos de Judá, por causa de su idolatría, habían sido entregados en las manos de sus hermanos idólatras, el pueblo de Israel. Los últimos habían indultado su cruel enemigo matando en una batalla a miles de los hombres de Judá, y prendieron a todas las mujeres y los niños para tenerlas como esclavas o para venderlas a los paganos.

A causa de los pecados de Judá, el Señor no se había interpuesto para impedir la batalla; pero a través de la boca del profeta Obed él reprobó el cruel designio del ejército victorioso: "Ahora habéis determinado sujetar a vosotros a Judá y a Jerusalén por siervos y siervas. Pero vosotros mismos, ¿no habéis cometido también delitos contra el Eterno, vuestro Dios?". y el profeta les aseguró que la ira del Señor estaba sobre ellos, y que su curso de injusticia y opresión iría a llamar sus juicios. Después de haber escuchado estas palabras, los hombres armados dejaron los cautivos y los despojos delante de los príncipes y de toda la congregación. Entonces cierto líder de la tribu de Efraín "tomó los cautivos, y con los despojos vistió a todos los que estaban desnudos entre ellos, y los ordenó y los calzó, y les dio de comer y de beber, y los ungió, y puso todos los débiles sobre cenizas, y los llevó a Jericó, la ciudad de las palmeras, donde estaban sus hermanos".

Nehemías quería llevar a los ofensores a que vean el real carácter de su obra opresiva, y que se avergonzaran de ella. Les dijo, "Nosotros, según nuestras posibilidades, rescatamos a nuestros hermanos judíos que habían sido vendidos a las naciones; ¿y ahora sois vosotros los que vendéis aún a vuestros hermanos, para que nosotros tengamos que rescatarlos de nuevo?" Nehemías y otros habían recobrado algunos de los judíos que habían sido vendidos a los paganos, y él ahora colocó este curso en contraste con el proceder de aquellos que por obtener ganancias mundanas estaban esclavizando a sus hermanos. El temor del Señor debía reprimirlos de cometer tal injusticia.

Nehemías les dijo a los gobernadores judíos, algunos de los cuales eran culpables de esta práctica, que en vez de juzgar y punir otros criminales, deberían investigar su propia manera de actuar, y parar inmediatamente su inicua extorsión, a menos que quisieran ser una vergüenza aún para los propios paganos.

Les mostró que él mismo, habiendo sido investido de autoridad por el rey de Persia, podría haber pedido grandes contribuciones para su beneficio personal. En vez de eso, no había querido tomar lo que en justicia podría haber hecho, sino que había contribuido liberalmente para aliviar al pueblo en sus grandes necesidades. Estos extorsionadores no tenían más razones que las que él tenía para proseguir en el camino en que estaban. Él los urgió a cesar inmediatamente con su opresión, a devolver los campos a los pobres, y también a darles dinero y provisiones, las cuales se las habían exigido antes a ellos, y prestarles sin usura.

"Ellos respondieron: Lo devolveremos y nada les demandaremos; haremos así como tú dices. Entonces convoqué a los sacerdotes y les hice jurar que harían conforme a esto" (Neh. 5:12). —*Southern Watchman, 3 de Mayo de 1904.*

Guía de Estudio No. 10

Leer: Nehemías 5:1-13.

1.- ¿Qué trajo a la luz el mal estado en que estaban los más pobres entre los judíos?

a)   e)
b)   f)
c)   g)
d)   h)

2.- ¿Qué es lo que estaban esperando que sucediese para que cambiase su situación?

3.- ¿Cómo trató Nehemías con estas injusticias?

4.- ¿Qué ejemplo fue colocado por Nehemías?

5.- ¿Qué ha prometido hacer Dios entre Su pueblo justo antes de la venida de Jesús?

Nota: "Antes de los juicios finales de Dios sobre la tierra, habrá entre el pueblo de Dios tal reavivamiento de la primitiva piedad como no ha sido testimoniado desde los tiempos apostólicos" GC: 464.

6.- Basándose en los siguientes párrafos, defina "piedad primitiva":

a) Hechos 1:14
b) Hechos 2:42
c) Hechos 2:43-47
d) Hechos 3:6
e) Hechos 4:31
f) Hechos 4:32-37
g) Hechos 5:12-16

7.- ¿Cuál fue la diferencia entre la experiencia religiosa de los sacerdotes Judíos y la de los primeros cristianos?

Nota: "Los (sacerdotes judíos) hacían grandes demostraciones de piedad, mientras no sabían lo que era caridad, misericordia, y el amor de Dios" —2 Spirit of Prophecy:75.

8.- Dentro del contexto de la experiencia de la "piedad primitiva" en la iglesia apostólica, puede usted explicar por qué Dios se movió tan rápido y decididamente contra Ananías y Safira? (Hechos 5:1-11).

Para Meditar: ¿Qué preparación puede ser hecha por el pueblo de Dios hoy día para recibir el prometido reavivamiento de la "piedad primitiva"?

Integridad en los Negocios

Estas porciones de la historia sagrada nos enseñan una importante lección. Aquellos que profesan amar y temer a Dios debieran alimentar simpatía y amor por los demás, y debieran cuidar de los intereses ajenos como si fuesen propios. Los cristianos no debieran regular sus conductas por las normas del mundo. En todas las edades el pueblo de Dios es tan diferente de los mundanos como su profesión es más alta que aquella de los incrédulos. Desde el comienzo hasta el fin de los tiempos, el pueblo de Dios es uno solo.

El amor al dinero es el punto común a toda maldad. En esta generación el deseo de ganancias es la pasión absorbente. Si la riqueza no puede ser retenida por medios honestos, los hombres tratan de obtenerla a través del fraude. Las viudas y los huérfanos son robados de sus insuficientes rentas miserables, y los pobres tienen que sufrir las necesidades de la vida. Y todo esto para que el rico pueda tener sus extravagancias o consentir en su deseo de acumular.

El terrible record de crímenes cometidos diariamente en el nombre de las ganancias, es suficiente como para congelar la sangre y llenar el alma de horror. El hecho de que aún en medio de aquellos que profesan ser piadosos existan los mismos pecados en una extensión similar, nos debe hacer clamar por una humillación profunda del alma y por una genuina acción por parte de los seguidores de Cristo. El amor a mostrar y el amor al dinero ha hecho de este mundo una guarida de ladrones y saqueadores. Pero los cristianos no son habitantes de este mundo; están en un país extraño, de paso solamente por una noche.

No debieran actuar por los mismos motivos y deseos por los cuales actúan los que tienen su hogar y sus tesoros aquí. Dios designó que nuestras vidas debieran representar la vida de nuestro gran Padrón: así, al igual que Jesús, debemos vivir para hacer el bien a otros.

Las costumbres del mundo no son criterios para el cristiano. Él no debe imitar sus prácticas, estafando, extorsionando, aún en casos de poca importancia. Cada acto injusto hecho contra el prójimo, aunque sea el mayor de los pecadores, es una violación de la regla moral. Cada acto errado hecho contra los hijos de Dios es hecho al propio Cristo en la persona de sus santos. Cada tentativa de sacar ventaja a través de la ignorancia, debilidad, o infortunio de otra persona, es registrada como fraude en los libros del cielo.

Aquel que realmente teme a Dios preferirá trabajar arduamente día y noche, y comer el pan de la pobreza, antes que permitir que una pasión por la ganancia, la cual podría oprimir una viuda o un huérfano, o hacer con que un extraño entre en

un mal camino. Nuestro Salvador quiere impresionar sus corazones con la idea de que un hombre que se aventure a defraudar a su prójimo en lo más mínimo, hará con que, si la oportunidad le fuere favorable, estafe en lo más grande. El menor desvío de lo correcto derriba las barreras y prepara el corazón para cometer injusticias mayores. Por precepto y ejemplo, Cristo enseñó que la más estricta integridad debe gobernar nuestra conducta con nuestro prójimo. Dijo el divino Profesor: "Lo que quieras que los hombres te hagan a ti, así hazles a ellos".

En la misma medida en que un hombre puede llegar a aprovecharse de otro hombre, su alma se volverá insensible a la influencia del Espíritu de Dios. Las ganancias obtenidas a ese costo es una pérdida tremenda. Es mejor la escasez que la mentira; es mejor pasar hambre que defraudar; es mejor morir que pecar. Extravagancias, fraudes, extorsión, consentidos por aquellos que profesan piedad, están corrompiendo su fe y están destruyendo su espiritualidad. La iglesia es en gran parte responsable por los pecados de sus miembros. Ella le da oportunidad a lo malo si falla en levantar su voz contra eso. La influencia que ella tiene que temer más no es aquella de los franco opositores, infieles y blasfemos, sino de los seguidores inconsistentes de Cristo. Estos son los que impiden las bendiciones del Dios de Israel.

Todos aquellos que quieren formar caracteres para el cielo, deben ser cristianos bíblicos. Deben ser diligentes en el estudio de la Carta de Vida, deben examinar sus motivos que los llevan a actuar, con mucho cuidado y oración. El mundo de los negocios no está fuera de los límites del gobierno de Dios. La verdadera religión no debe ser apenas alardeada los Sábados y mostrada en la iglesia; es para cada día y para todos los lugares. Sus reclamos tienen que ser reconocidos y obedecidos en cada acto de la vida. Los hombres que posean el artículo genuino mostrarán en todos su negocios una clara percepción de lo justo, así como cuando efectúan sus súplicas al trono de la gracia.

Dios no puede ser excluido de ninguna transacción en las cuales los derechos de sus hijos estén envueltos. Sobre cada uno que Lo esté sirviendo con sinceridad, su mano está extendida como un escudo. Nadie puede herir al más humilde de los discípulos de Jesús sin herir aquella mano que sostiene la espada de la justicia.

El apóstol Santiago, mirando hacia los últimos días, les envía una solemne y terrible advertencia a aquellos que han amontonado riquezas a través del fraude y de la opresión: "¡Vamos ahora ricos! Llorad y aullad por las miserias que os vendrán. Vuestras riquezas están podridas y vuestras ropas, comidas de polilla. Vuestro oro y plata están enmohecidos y su moho testificará contra vosotros y devorará del todo vuestros cuerpos como fuego. Habéis acumulado tesoros para los días finales. El jornal de los obreros que han cosechado vuestras tierras, el cual por engaño no les ha sido pagado por vosotros clama, y los clamores de los que habían segado han llegado a los oídos del Señor de los ejércitos" (Santiago 5:1-4). Southern Watchamn, 10 de Mayo de 1904.

Guía de Estudio No 11

Leer: Nehemías 5:14-19.

1.- ¿Qué lecciones importantes nos enseña el libro de Nehemías en relación a nuestro comportamiento con otras personas?

a)
b)
c)

2.- ¿Con qué palabras enfatiza nuevamente Ellen White la identidad corporativa del pueblo de Dios?

_____

_____

3.- ¿Cómo es el estilo de vida del cristiano peregrino en contraste con aquellos que han hecho de la tierra su hogar?

a)
b)
c)

4.- ¿Qué es lo que el cielo considera como fraude?

_____

_____

5.- ¿Cuál es la "caída" espiritual de sacar ventaja de las debilidades de otra persona?

_____

_____

6.- Complete la siguiente sentencia: "Es mejor la escasez que _____ ; es mejor pasar hambre que _____ ; es mejor morir que _____ ".

7.- ¿De qué es responsable la iglesia en gran manera? ¿Por qué es esto así?

_____

_____

8.- ¿Qué es lo que la iglesia tiene que temer más? ¿Por qué?

_____

_____

Para Meditar: ¿Cómo impacta la integridad de la vida de negocios de los miembros de la iglesia sobre un reavivamiento dentro de la misma?

Los Planes de los Paganos 1

Sanbalat, Tobías y sus confederados no dieron la cara abiertamente contra los judíos; sino que con creciente malicia continuaron con sus crecientes esfuerzos para causarles perplejidad, para perjudicarlos y desanimarlos. Las murallas de Jerusalén estaban siendo rápidamente terminadas. Cuando estuviesen terminadas, y fuesen colocadas sus puertas, estos enemigos de Israel no podrían conseguir forzar una entrada en la ciudad. Por eso es que estaban determinados en sus esfuerzos para detener la obra sin demora. Finalmente tramaron un plan para sacar a Nehemías de su lugar, y matarlo o prenderlo mientras estuviera en su poder.

Pretendiendo querer una reunión entre las dos partes en litigio, le propusieron a Nehemías una reunión, y lo invitaron a que se reuniera con ellos en una villa en la parte plana de Ono. Pero el Espíritu de Dios, iluminando la mente de Su siervo, le permitió discernir el real propósito. Nehemías dijo, "Estoy ocupado en una gran obra y no puedo ir; ¿por qué cesaría la obra si yo la abandonara para ir a vosotros?". Pero estos emisarios de Satanás eran persistentes. Cuatro veces ellos enviaron mensajes del mismo estilo, pero recibieron la misma respuesta.

Viendo que su plan no daba éxito, pasaron entonces a adoptar una estrategia más osada. Sanbalat le envió a Nehemías un mensajero, el cual llevaba una carta abierta, en la cual estaba escrito: "se ha oído entre las naciones, y Gasmu lo dice, que tú y los judíos pensáis rebelaros y que por eso edificas tú el muro, con la mira, según estas palabras, de ser tú su rey; y que has puesto profetas que, refiriéndose a ti, proclamen en Jerusalén: "¡Hay rey en Judá!" Estas palabras van a llegar a los oídos del rey; ven, por tanto, y consultemos juntos".

Si realmente hubiesen circulado esos informes, habrían sido motivo de aprehensión; porque habrían llegado de alguna manera hasta los oídos del rey, para quien una pequeña sospecha podría llevarlo a tomar las más severas medidas. Pero Nehemías estaba convencido de que la carta era totalmente falsa, escrita para provocar miedo, y llevarlo a una trampa preparada por sus enemigos. Esta conclusión fue afirmada por el hecho de que la carta venía abierta, permitiendo que el contenido fuese leído por las personas, para así intimidarlos también a ellos.

De manera que él les respondió inmediatamente, "No hay nada de lo que dices, sino que son invenciones de tu corazón". Él no es ignorante respecto a los inventos satánicos, y estaba seguro de que todas estas tentativas tenían el propósito de debilitar las manos de los trabajadores, de manera que su trabajo no fuese completado. Se volvió a la Fuente de la fuerza, con la oración, "¡Ahora, pues, oh Dios, fortalece tú mis manos!".

Satanás había sido derrotado una vez más; y ahora con más profunda malicia y mayor sutileza, procedió a planear una trampa más sutil y peligrosa para el siervo de Dios. Sanbalat y sus compañeros fueron instados a contratar personas que profesasen ser amigos de Nehemías, para darle malos consejos, como si proviniesen del Señor. La principal persona comprometida en esta obra pérfida, fue uno de la casa de Semaías, el cual antes había sido tenido en buena estima por Nehemías. Este hombre se encerró en una cámara cerca del santuario, como si estuviese temiendo que su vida estaba en peligro, y Nehemías justamente fue a consultarlo creyendo que estuviese siendo especialmente favorecido por Dios. El templo estaba en ese entonces protegido por murallas y rejas, mientras las rejas de la ciudad aún no eran colocadas. Este engañador profesó tener gran preocupación por la seguridad de Nehemías, y lo aconsejó a buscar refugio en el templo: "Reunámonos en la casa de Dios, dentro del Templo, y cerremos las puertas, porque vienen a matarte; sí, esta noche vendrán a matarte". La respuesta sin miedo del héroe fue: "¿Un hombre como yo ha de huir? ¿Y quién, que fuera como yo, entraría en el Templo para salvarse la vida? No entraré".

Si Nehemías hubiese seguido ese pérfido consejo, habría sacrificado su reputación de tener coraje y fe en Dios, y habría aparecido como cobarde y despreciable. La alarma se habría propagado entre el pueblo; cada uno habría procurado su propia seguridad; y la ciudad habría quedado desprotegida, y hubiera sido una presa fácil para sus enemigos. Ese movimiento insensato habría la entrega virtual de todo lo que se había ganado.

Nehemías no consiguió penetrar el verdadero carácter y objeto de su consejero: "Reconocí que Dios no lo había enviado, sino que decía aquella profecía contra mí porque Tobías y Sanbalat lo habían sobornado. Pues fue sobornado para intimidarme, para que así yo pecara. Ellos aprovecharían esto para crearme mala fama y desprestigiarme".

En vista de la obra importante que Nehemías había tomado, juntamente con la integridad de su carácter, y la confianza en Dios que él profesaba sentir, habría sido altamente inconsistente para él esconderse como si tuviese miedo. La preservación de la misma vida no habría sido una excusa suficiente para una acción de ese tipo. El infame consejo que le fue dado fue seguido por más de algún hombre de gran reputación, quienes, mientras profesaban ser su amigo, estaban secretamente unidos con sus enemigos. También mujeres, pretendiendo haber recibido una gran luz de Dios, infamemente se vendieron para servir a la causa de los paganos. Nehemías pidió en oración para que Dios tuviera en cuenta sus malos designios, y los recompensara de acuerdo a sus actos. —*Southern Watchman, 17 de Mayo de 1904.*

Guía de Estudio No 12

Leer: Nehemías 6:1-14.

1.- ¿Cómo fue que Nehemías pudo discernir los planes de sus enemigos?

2.- ¿Cómo probaron algunos judíos ser desleales a Dios y con su propio pueblo?

3.- ¿Qué lección puede ser aprendida por la iglesia hoy de la manera en que Nehemías reaccionó frente a estos planes?

Nota: Hemos sido instruidos a esperar oposición cuando la iglesia se proponga a hacer la voluntad de Dios: "En cada reavivamiento él (Satanás) está listo para actuar en aquellos que no están santificados de corazón y que no tienen mentes equilibradas. Cuando estos han aceptado algunos puntos de la verdad, y han ganado un puesto entre los creyentes, él trabaja a través de ellos para introducir teorías que engañarán a los incautos" CS:396.

"El príncipe de la maldad reclama cada milímetro de terreno sobre el cual el pueblo de Dios avanza en su jornada hacia la ciudad celestial. En toda la historia de la iglesia ninguna reforma se ha llevado a cabo sin encontrar serios obstáculos" CS:396.

"Permitamos que exista un reavivamiento de la fe y del poder de la iglesia primitiva, y el espíritu de persecución será revivido, y los fuegos de la persecución serán reencendidos" CS:48.

Para Meditar: ¿Cómo podría Satanás trabajar para impedir un reavivamiento espiritual en la iglesia de Dios hoy en día?

Los Planos de los Paganos 2

A pesar de todos los planes del enemigo, abiertos y ocultos, la obra de edificar continuo firme adelante, la muralla alcanzó la altura adecuada, y en aproximadamente después de dos meses de haber llegado Nehemías a Jerusalén, la ciudad estaba rodeada con todas sus defensas, y los trabajadores podían caminar sobre las murallas, y mirar hacia sus asombrados adversarios. Nehemías dijo, "Cuando lo oyeron todos nuestros enemigos, temieron todas las naciones que estaban alrededor de nosotros; se sintieron humillados y reconocieron que por nuestro Dios había sido hecha esta obra".

Aún con todas estas evidencias de que la mano del Señor estaba con Nehemías, no fue suficiente como para impedir el descontento, la rebelión y la perfidia. "En aquellos días los principales de Judá enviaban muchas cartas a Tobías y recibían las de este. Porque muchos en Judá se habían aliado con él, pues era yerno de Secanías hijo de Ara". Aquí se ven los resultados malignos del casamiento con idólatras. En esta unión, Satanás había ganado la victoria. La familia de Judá se había ligado ella misma a los enemigos de Dios, y la relación había probado ser una trampa para el pueblo. Muchos otros también se unieron en matrimonio con los paganos. Estos, al igual que la multitud mixta que salió con Israel de Egipto, fueron una fuente de constantes problemas. No estaban entregados de todo corazón a la obra de Dios. Cuando su trabajo demandó un sacrificio, estaban listos para violar sus propios juramentos solemnes de cooperación y apoyo. Todo esto tendía al debilitamiento y desánimo de aquellos que querían hacer crecer la obra de Dios.

Algunos que habían sido los primeros en planear malicias contra los judíos, y que se habían esforzado por todos los medios posibles para causarles la ruina, ahora profesaban un gran deseo de ser amigos de ellos. Algunos de los nobles de Judá que se habían enredado en matrimonios idólatras, habían mantenido correspondencia traicionera con Tobías, y habían jurado servirle. Ellos ahora querían hacer creer que este agente de Satanás era un hombre de habilidad, sabiduría y previsión, y presionaban diciendo que una alianza con él sería de una gran ventaja para los Judíos. Al mismo tiempo le delataban los planes de Nehemías y sus movimientos. Así la obra de Dios estaba totalmente abierta a los ojos de sus enemigos, y se les dio aún la oportunidad de no solamente interpretar mal las palabras y los actos de Nehemías, y de hacer circular falsos informes en relación a él, sino que de hacer planes que contrarrestasen sus esfuerzos y que impidiese su obra. Aún así este hombre, que había permanecido tan firmemente en favor de los oprimidos, no ejerció la autoridad con la cual él estaba investido, y podía traer el castigo que estos traidores merecían. Calma y abnegadamente continuo adelante en el servicio de su pueblo, nunca pensando en disminuir sus esfuerzos, aun cuando ellos mereciesen ser pagos con ingratitud y traición.

Todo el poder y la política de Satanás siempre fue dirigida sobre aquellos que están celosamente procurando hacer avanzar la causa de Dios. Aún cuando pueda ser desbaratado, él renueva constantemente sus asaltos. Pero es cuando él trabaja secretamente que es más temible. El que aboga por verdades impopulares debe esperar oposición de sus enemigos declarados; esto a menudo es una lucha fiera y cruel, pero es mucho menos peligroso que el enemigo secreto de entre aquellos que profesan servir a Dios, mientras que por detrás están sirviendo a Satanás. Mientras aparentemente están unidos a la obra de Dios, muchos están ligados con sus enemigos; y si de alguna manera se cruzan en sus caminos o son reprobados por causa de sus pecados, ellos buscan el favor de los enemigos de la verdad, y les abren a ellos todos los planes de los siervos de Dios y de sus trabajadores. Así ellos colocan cada ventaja en las manos de aquellos que usan todo ese conocimiento para impedir la obra de Dios e calumnian su pueblo. De esta manera estos hombres de pensamientos y propósitos dobles pretenden servir a Dios, y entonces van al enemigo y lo sirven, como mejor sean los deseos de este.

Cada cosa que el príncipe de las tinieblas pueda sugerir, será empleada para inducir a los siervos de Dios a aceptar un compromiso con los agentes de Satanás. Aparecerán repetidas solicitaciones para apartarnos de la obra; al igual que a Nehemías, debemos responder inmediatamente, "estoy haciendo una gran obra, así es que no puedo ir". No tenemos tiempo para buscar el favor del mundo, o aún para defendernos a nosotros mismos de sus distorsiones y calumnias. No tenemos tiempo para perder en nuestra propia defensa. Tenemos que permanecer siempre en nuestra obra, y permitir que eso refute las falsedades que la maldad pueda acuñar en contra nuestra. Los difamadores se callarán si nosotros no les prestamos atención. Si les permitimos a nuestros enemigos ganar nuestra amistad y simpatía, de esta manera seremos seducidos a abandonar nuestro deber; si por algún motivo, cometemos un acto imprudente, exponiendo la causa de Dios al reproche, debilitando así las manos de los trabajadores, podremos traer sobre nuestro carácter una mancha que no será fácil de sacar, y colocar un serio obstáculo en el camino de nuestra propia utilidad en el futuro.

Esas tentaciones son las más peligrosas, las que provienen de los profesos siervos de Dios, y de nuestros amigos. Cuando personas que están unidas con el mundo, y que sin embargo pretenden tener gran piedad y amor, aconsejan a los fieles trabajadores de Dios a no ser tan celosos y a ser más conservadores, nuestra respuesta debe ser un apelo a la Palabra de Dios. Cuando ellos pleitean por la unión con aquellos que han sido nuestros más determinados opositores, debemos temerlos y rehuirlos tan decididamente como lo hizo Nehemías. Aquellos que nos harían apartarnos de los antiguos hitos para juntarnos con los incrédulos, no pueden ser enviados del cielo. Cualesquiera que haya sido su posición, su línea de acción actual es tratar de perturbar la fe del pueblo de Dios.

Esos consejeros son colocados por Satanás. Son siervos acomodaticios. Los testimonios, censuras y advertencias de los siervos de Dios les son desagradables, y les son un reproche para sus propensiones mundanas y de amor propio. Debemos rehuir esta clase tan resueltamente como lo hizo Nehemías.

Cuando somos presionados con los argumentos y sugestiones de tales aconsejadores, sería bueno para cada uno de nosotros si nos preguntáramos, "¿Debiera yo, que soy cristiano, un hijo de Dios, una vez llamado a ser la luz del mundo, un predicador de la justicia, que he expresado tan a menudo mi confianza en la verdad y en la manera en que el Señor nos ha guiado, debería yo unir mi influencia con aquellos que se oponen tenazmente a la obra de Dios? ¿Debiera yo, un mayordomo de los misterios de Dios, llevarle a sus peores enemigos los consejos de Su pueblo? ¿No haría eso con que el impío se colocase de una forma más decidida contra la verdad de Dios y contra el pueblo que guarda Su pacto? ¿Esa concesión no haría que yo me previniera en abrir mis labios en exhortación, advertencia o súplicas en mi propia familia o en la iglesia de Dios? Si Pablo o Pedro fuesen colocados en circunstancias similares, ¿traicionarían ellos una responsabilidad tan sagrada? ¿No me menospreciarían hasta los propios hombres del mundo? ¿No desdeñarían ellos el hecho de ser desviados de sus quehaceres mundanos por los peligros o dificultades?"

Satanás trabajará por cualquier medio que él pueda emplear para desanimar a los activos siervos de Dios. Si el pastor puede ser separado de su deber, entonces el camino está libre para que los lobos dispersen y devoren las ovejas.

Cada éxito de la verdad desanima a los enemigos de Dios; y a veces son forzados a reconocer que es Su obra, la que ellos tanto aborrecen precisamente a causa de ello. Los falsos hermanos continuarán aumentando. Aquellos a quienes Dios ha enviado advertencias y reproches, pero que, al rechazar los mensajes venidos del cielo, prestan atención a los consejos de sus enemigos, es la prueba más dura para sus siervos fieles. "Aquel que abandona la ley, elogia al impío". —*Southern Watchman, 24 de Mayo de 1904.*

Guía de Estudio No 13

Leer: Nehemías 6:15-19.

1.- ¿Cuánto tiempo llevó el restaurar las defensas de Jerusalén?

2.- ¿Qué otros problemas surgieron entre los judíos que probó ser una trampa y una fuente de desaliento para el pueblo de Dios?

3.- ¿Qué comportamiento traicionero premió el servicio fiel de Nehemías?

4.- ¿Cuándo es más temible Satanás?

5.- ¿Qué amonestación nos da Ellen White en relación a nuestro deber frente a la oposición?

Para Meditar: ¿Cómo puede un "falso hermano" ser usado por Satanás para impedir un reavivamiento entre el pueblo de Dios?

El Pueblo Instruido en la Ley de Dios

Mientras Nehemías trabajaba diligentemente para restaurar las defensas materiales de Jerusalén, no se olvidó que el Dios de Israel era su única defensa segura, y que solamente obedeciendo a sus mandamientos estarían seguros. Por lo tanto le dio especial atención a la instrucción del pueblo en la ley de Dios.

Para el tiempo de la fiesta de las trompetas, cuando muchos se reunían en la ciudad santa, el pueblo se reunió en la calle que antes era la puerta de las Aguas; "y dijeron al escriba Esdras que trajera el libro de la ley de Moisés, la cual Jehová había dado a Israel. El primer día del mes séptimo, el sacerdote Esdras trajo la ley delante de la congregación, así de hombres como de mujeres y de todos los que podían entender. Desde el alba hasta el mediodía, leyó en el libro delante de la plaza que está delante de la puerta de las Aguas, en presencia de hombres y mujeres y de todos los que podían entender; y los oídos de todo el pueblo estaban atentos al libro de la ley".

"Bendijo entonces Esdras a Jehová, Dios grande. Y todo el pueblo, alzando sus manos, respondió: "¡Amén! ¡Amén!" y se humillaron, adorando a Jehová rostro en tierra". Algunos de los sacerdotes y levitas se unieron con Esdras para explicarle al pueblo los principios de la divina ley. "Y leían claramente en el libro de la ley de Dios, y explicaban su sentido, de modo que entendieran la lectura".

La escena era de tremendo interés. La muralla de Jerusalén había sido reconstruida, y las puertas habían sido colocadas en su lugar; se había obtenido una gran victoria; pero una gran parte de la ciudad aún estaba en ruinas. En un púlpito de madera, erigido en una de las calles más anchas, y rodeado por todos los lados por los tristes recuerdos de la antigua gloria de Judá, estaba Esdras, ahora un hombre de edad. A su derecha y a su izquierda estaban sus hermanos los levitas, que se habían consagrado al servicio de Dios, y cuya presencia le daban solemnidad y dignidad a la ocasión. Con corazones apesadumbrados se acordaron de los días de sus padres, cuando el salmista real había cantado: "Andad alrededor de Sión y rodeadla; contad sus torres" (Salmo 48:12). "¡Hermosa provincia, el gozo de toda la tierra es el monte Sión, a los lados del norte! ¡La ciudad del gran Rey! (Salmo 48:2).

Mirando hacia abajo desde la elevada plataforma, el ojo humano podía ver una un mar de cabezas. Desde todos los países vecinos los hijos del pacto se habían reunido; y como si fueran un solo hombre estaban escuchando, atentos y reverentes, para escuchar una vez más las palabras del Altísimo.

Pero aún aquí la evidencia de su pecado era aparente. En su unión con otras naciones, el lenguaje Hebreo se había corrompido, y por lo tanto había que tener mucho cuidado por parte de los oradores para explicar la ley en el lenguaje del pueblo, y así presentarla de manera que fuera entendida por todos.

A medida que la ley de Dios era leída y explicada, el pueblo se convenció de su culpa y peligro, y con conciencias sensibles y lágrimas de arrepentimiento ellos se lamentaron a causa de sus transgresiones. Pero como ese día era día de fiesta, un día de santa convocación, un día en que el Señor había mandado guardar con alegría y gratitud, les fue solicitado por sus profesores para que restringieran sus penas, y que se regocijaran teniendo en vista la gran misericordia de Dios para con ellos. "Hoy", dijo Nehemías, "es día consagrado a Jehová, nuestro Dios; no os entristezcáis ni lloréis".

Por consiguiente, después que la primera parte del día había sido dedicada a los ejercicios religiosos, el pueblo pasó el resto del día acordándose con gratitud de las bendiciones de Dios, y disfrutando de la abundancia de comida que Él les había dado, acordándose también de enviarles porciones a los pobres que no tenían nada para preparar. Y hubo gran regocijo, porque entendieron las palabras de la ley que se les había enseñado. El trabajo de leer y exponer la ley al pueblo continuó al día siguiente. Los solemnes servicios del día de la expiación se realizaron en el tiempo indicado, al décimo día del séptimo mes, de acuerdo al mandamiento de Dios. Y desde el 15 hasta el 22 del mismo mes el pueblo y los gobernadores guardaron nuevamente la fiesta de los tabernáculos.

Fue pregonado "por todas sus ciudades y por Jerusalén, diciendo: "salid al monte y traed ramas de olivo, de olivo silvestre, de arrayán, de palmeras y de todo árbol frondoso, para hacer tabernáculos, como está escrito". Salió, pues, el pueblo, y trajeron ramas e hicieron tabernáculos, cada uno sobre su terrado, en sus patios, en los patios de la casa de Dios, en la plaza de la puerta de las Aguas y en la plaza de la puerta de Efraín. Toda la congregación que volvió de la cautividad hizo tabernáculos, y en tabernáculos habitó; porque desde los día de Josué hijo de Nun hasta aquel día, no habían hecho así los hijos de Israel. Y hubo gran alegría. Leyó Esdras el libro de la ley de Dios cada día, desde el primer día hasta el último; hicieron la fiesta solemne por siete días, y el octavo día fue de solemne asamblea, según el rito". —*Southern Watchman, 31 de Mayo de 1904.*

Guía de Estudio No. 14

Leer: Nehemías 8:1-18.

1.- ¿Quién vino a ayudar a Nehemías y se dirigió al pueblo en un intento de llevarlos a un reavivamiento espiritual?

_____

_____

2.- ¿Con qué comenzó el reavivamiento?

_____

_____

3.- ¿Quién usó su influencia en la obra de reavivamiento?

_____

_____

4.- ¿Qué indicaciones tenemos que el pueblo estaba sinceramente buscando este reavivamiento?

a)   c)
b)   d)

Nota: Los grandes reavivamientos del Antiguo Testamento han usado sistemas de apoyo que han ayudado a mantener los momentos de las experiencias de los reavivamientos. Ellen White hizo las siguientes observaciones acerca de los reavivamientos de Esdras y Nehemías y bajo Josafat.

"Dondequiera que Esdras trabajase, surgía un reavivamiento en el estudio de las Sagradas Escrituras. Eran escogidos profesores para instruir al pueblo ...". —*Review and Herald, 27 de Febrero de 1908.*

"A través de todo el reino el pueblo estaba necesitando de instrucción en la ley de Dios. En el entendimiento de esta ley radicaba su seguridad; conformando sus vidas a sus requerimientos se volverían leales tanto a Dios como al hombre. Sabiendo esto, Josafat tomó iniciativas para asegurar a su pueblo a través de la instrucción en las Sagradas Escrituras. Los príncipes responsables por las diferentes partes del campo fueron dirigidos para preparar un fiel ministerio de sacerdotes profesores. A través de un nombramiento real, estos instructores trabajaron bajo la directa supervisión de los príncipes, "fueron a todas las ciudades de Judá, y enseñaron al pueblo" 2 Crónicas 17:7-9. Y como muchos se empeñaron en entender los requerimientos de Dios y en alejar el pecado, tuvo lugar un reavivamiento" —*Profetas y Reyes: 191.*

Para Meditar: ¿Qué tipo de sistema de ayuda sería el más efectivo en la Iglesia Adventista del Séptimo Día, y en qué nivel debiera ser colocado en práctica?

Un Ayuno Solemne

Cuando pasó la fiesta de los tabernáculos, sólo un día después, los hijos de Israel guardaron un ayuno solemne. Esto fue hecho no solamente por el mandato de los gobernadores, sino que por el deseo del pueblo. Mientras habían escuchado día a día las palabras de la ley, fueron profundamente convencidos de sus propias transgresiones, y también de los pecados de su nación en las generaciones pasadas. Vieron que fue por causa de su alejamiento de Dios que Su protector cuidado había sido quitado de ellos, y que habían sido dispersados en países extranjeros. Y ahora decidieron buscar la misericordia de Dios, y empeñarse en andar desde ahora en adelante en Sus mandamientos.

Antes de entrar en los servicios del día, ellos se separaron cuidadosamente de los paganos que estaban mezclados con ellos. Una vez que hicieron esto, "puestos de pie en su lugar, leyeron el libro de la ley de Jehová, su Dios, la cuarta parte del día, y durante otra cuarta parte del día confesaron sus pecados y adoraron a Jehová, su Dios".

El pueblo se postró delante del Señor, se humilló confesando sus pecados y pleitearon por misericordia y perdón, cada uno individualmente, y por toda la congregación. Entonces sus líderes los animaron a creer que Dios, de acuerdo con Su promesa, había escuchado sus oraciones. Les mostraron que no debían solo lamentarse y llorar y arrepentirse de sus transgresiones, sino que confiar que Dios los había perdonado, y para mostrar su fe relatando sus misericordias y alabándolo por sus bondades. Los profesores les dijeron, "Levantaos y bendecid a Jehová, vuestro Dios".

Entonces desde la multitud reunida, y estando con las manos estiradas hacia el cielo, surgió el canto de alabanza y de adoración: "Desde la eternidad y hasta la eternidad sea bendecido tu nombre glorioso, que supera toda bendición y alabanza. Tú solo eres Jehová. Tú hiciste los cielos, y los cielos de los cielos, con todo su ejército, la tierra y todo lo que está en ella, los mares y todo lo que hay en ellos. Tú vivificas todas estas cosas, y los ejércitos de los cielos te adoran".

En esta parte de la sagrada historia hay una preciosa lección de fe para todo aquel que está convencido del pecado, y postrado por un sentido de su indignidad. Cuando ellos comparan sus caracteres con el gran padrón de justicia de Dios, ellos se ven a sí mismos condenados y como transgresores. No hay poder en la ley para liberarlos de su culpa. Pero a medida que confiesan sus pecados, pueden encontrar perdón a través de Cristo. Fluye de ellos la corriente limpiadora que puede lavar las manchas del pecado. Cuando el pecador ha ido a Cristo con contrición de alma, confesando sus transgresiones, es entonces deber suyo apropiarse de las promesas del Salvador de perdón al arrepentido y penitente. Aquel que trata de encontrar bondad y alguna causa de regocijo en él mismo, estará siempre en desespero; pero aquel que mira a Jesús, el autor y consumador de su fe, puede decir con confianza, "vivo, pero no yo, sino que Cristo vive en mi".

Después del canto de alabanza, los líderes de la congregación presentaron la historia de Israel, mostrando los grandes beneficios de Dios y su gran ingratitud. Trazando la historia desde los días de Abraham, les llamaron la atención a los designios de Dios en preservar su nombre sobre la tierra al mantener para Él mismo un pueblo puro entre toda la corrupción; ellos contaron las poderosas manifestaciones de Su poder en el libramiento de la esclavitud en Egipto, y mostraron también cómo la apostasía y la reincidencia había hecho con que las bendiciones del Señor fuesen retiradas de Israel. Entonces toda la congregación entró en un pacto para guardar todos los mandamientos de Dios; y para que la transacción fuese tan eficaz como fuese posible, este pacto quedó por escrito, y aquellos que estaban totalmente convencidos de esta obra de reforma, colocaron sus nombres y los sellaron. Quisieron preservar para referencias futuras el recuerdo de la obligación que habían aceptado sobre sí mismos, como una advertencia del deber y como una barrera contra la tentación. Así fue como el pueblo hizo el solemne juramento de que "andarían en la ley de Dios, que fue dada por Moisés, siervo de Dios, y que guardarían y cumplirían todos los mandamientos, decretos y estatutos de Jehová, nuestro Señor". El juramento también incluía una promesa de no casarse con "los pueblos de la tierra". Esto había sido hecho a menudo por el pueblo; y algunas veces los gobernantes, como Salomón y Acab, habían establecido tales uniones; y estos casamientos, introduciendo la idolatría, resultaron en la ruina de miles de personas.

El Señor había prohibido estrictamente el casamiento de su pueblo con otras naciones. Esto prevendría a los Hebreos de casamientos idólatras, y de esta manera formar con familias paganas. La razón por la cual Dios prohibió estos casamientos fue, "ellos alejarán tus hijos de seguirme a Mí". Pero los paganos eran menos culpables que lo que lo son los impenitentes en esta era, quienes, teniendo la luz del evangelio, persistentemente rehúsan aceptarla. Aquellos entre los ancianos de Israel que se atrevieron a ignorar la divina prohibición, lo hicieron sacrificando principios religiosos. Cuando aquellos que ahora profesan ser el pueblo de Dios se juntan en matrimonio con los impíos, ellos forman una unión con el mundo, y lo más probable es que se unan con el mundo, a pesar de su actual profesión de fe.

Antes que terminase el día de ayuno, el pueblo aún manifestaba su determinación de volver al Señor. En forma unánime, todos se comprometieron a no continuar transgrediendo el Sábado. Nehemías no ejerció en este punto, como lo había hecho antes, su autoridad, para prevenir la entrada de comerciantes paganos los días Sábados, para la venta de provisiones y otros artículos; pero salvar al pueblo de ceder a la tentación, los comprometió, a través de un solemne pacto, a no transgredir el Sábado comprando de esos vendedores, esperando que esto los desanimase, y pusiesen un fin a ese tráfico.

También se tomaron provisiones para ayudar en la adoración pública a Dios. Fue tomado un compromiso por la congregación de contribuir anualmente con una suma determinada para el servicio del santuario, como también a traer los diezmos y las "primicias de nuestra tierra y las primicias del fruto de todo árbol. Asimismo los primogénitos de nuestros hijos y de nuestros ganados, como está escrito en la ley".

La liberalidad de los judíos en sus ofrendas para propósitos religiosos podría muy bien ser imitada por los cristianos. Si los diezmos y las ofrendas fueron requeridos miles de años atrás, ahora lo son aún más necesarios. Los trabajos de los siervos de Dios se restringieron entonces casi exclusivamente al país de Palestina; pero los apóstoles y sus sucesores fueron comisionados para predicar el evangelio a través de todo el mundo. El pueblo de esta dispensación es favorecido con más luz y más bendiciones que lo que lo fueron los judíos; por causa de eso han sido colocados bajo mayores responsabilidades en honrar a Dios y en hacer avanzar Su causa.

Los esfuerzos de Nehemías en restaurar la adoración del verdadero Dios había sido coronada con éxito. Si Israel permaneciese fiel al juramento que habían tomado, un gran futuro estaba abierto delante de ellos; porque el Señor siempre ha magnificado Su ley delante de Su pueblo, derramando ricas bendiciones sobre ellos en la medida en que ellos han sido obedientes. Esta historia del antiguo pueblo de Dios está llena de instrucciones para la iglesia de hoy. Mientras la Biblia presenta fielmente los resultados de la apostasía como una advertencia para todas las generaciones futuras, también pinta, como un ejemplo valioso, la profunda humillación y arrepentimiento, la devoción sincera y el sacrificio generoso, que marcaron los tiempos en que ellos volvieron al Señor. También hay estímulos en los registros de la voluntad de Dios para recibir a Su pueblo apóstata pero arrepentido. Sería una escena muy agradable a Dios y a los ángeles, si sus profesos seguidores en esta generación se uniesen, así como lo hizo el Israel de antaño, en un solemne pacto para "observar y guardar todos los mandamientos de nuestro Señor, así como Sus juicios y estatutos". —*Southern Watchamn, 07 de Junio de 1904.*

Guía de Estudio No. 15

Leer: Nehemías 9:1-10:27.

1.- A medida que el reavivamiento continuaba y la experiencia se profundizaba, ¿qué hizo el pueblo?

a)   c)
b)   d)

2.- ¿Qué ánimo recibió el pueblo de los líderes?

3.- ¿Qué lección acerca de salvación puede ser aprendida a través de esta experiencia de reavivamiento?

4.- ¿Qué evidencia adicional tenemos a respecto de la identidad corporativa entre Dios y Su pueblo?

5.- ¿Quién fue el primero en entrar en el pacto con Dios? (Nehemías 9:38)

6.- Liste tres cosas que el propio pueblo pidió

a)   b)   c)

7.- ¿Qué es lo que Dios espera hoy de nosotros?

_____

_____

Para Meditar: Si el pueblo de Dios hiciera hoy un pacto, ¿qué sería incluido?

Una Reforma del Sábado

Bajo el trabajo de Esdras y Nehemías, el pueblo de Judá pleitearon de la manera más pública y solemne prestar obediencia a la ley de Dios. Pero cuando la influencia de estos profesores fue momentáneamente retirada, hubieron muchos que se alejaron del Señor. Durante la ausencia de Nehemías de Jerusalén, los idólatras no solamente ganaron terreno en la ciudad, sino que contaminaron con su presencia hasta los propios recintos del templo. Ciertas familias de Israel, que habían contraído matrimonio con la familia de Tobías el Amonita, habían establecido cierta amistad con este hombre, uno de los enemigos más implacable y resuelto, y Eliasib el sumo sacerdote. Como resultado de esta alianza no santificada, se le permitió a Tobías ocupar un cómodo departamento que estaba conectado con el templo, el cual había sido consagrado para guardar las diferentes ofrendas traídas para el servicio de Dios.

Así no solamente se profanó el templo del Señor, sino que su pueblo quedó constantemente expuesto a la influencia corruptora de este agente de Satanás. Debido a su crueldad y deslealtad contra Israel, los Amonitas y Moabitas habían sido excluidos, por la palabra de Dios, para siempre de la congregación. Y aún así, en desafío de este solemne edicto, el propio sumo sacerdote había echado fuera de las cámaras de la casa de Dios las oblaciones consagradas, para hacerle un lugar al más violento y traicionero de los hombres. No se le pudo hacer un desprecio más grande a Dios que haciéndole este favor a este enemigo de Dios y de Su verdad.

Cuando Nehemías se enteró de esta profanación, inmediatamente ejerció su autoridad para expulsar al intruso. "Esto me dolió mucho, y arrojé todos los muebles de la casa de Tobías fuera de la habitación. Luego mandé que limpiaran las habitaciones e hice volver allí los utensilios de la casa de Dios, las ofrendas y el incienso".

No solamente el templo había sido profanado, sino que las ofrendas habían sido mal usadas. Esto hizo desanimar la liberalidad del pueblo. Ellos perdieron su celo y su fervor en la causa de Dios, y estaban dudando en devolver sus diezmos. La tesorería de la casa de Dios estaba sin embargo pobremente suplida; y los cantores y otros empleados en el servicio del templo no estaban recibiendo suficiente apoyo, muchos dejaron la obra de Dios para trabajar en cualquier otra parte para conseguir la manutención de sus familias. Nehemías corrigió prestamente estos abusos. Él reunió a aquellos que habían abandonado el servicio de la casa de Dios, e hizo que los diezmos y las ofrendas fuesen restaurados. Fueron escogidos hombres fieles para cuidar los recursos obtenidos, la confianza fue restaurada, y todo Judá trajo sus diezmos a la tesorería del Señor.

Otro resultado de la incursión con los idólatras tenía relación con el Sábado. Comerciantes paganos y traficantes de los países vecinos habían tratado de conseguir con que los hijos de Israel se comprometiesen a trabajar en el Sábado. Mientras habían algunos que no pudieron ser inducidos a sacrificar principios y transgredir los mandamientos de Dios, habían otros que eran influenciados más fácilmente, y que se unieron con los paganos en su tentativa de vencer los escrúpulos de aquellos que eran más concienzudos; y los idólatras se enorgullecían del éxito que habían conseguido con sus esfuerzos. Muchos se atrevieron abiertamente a violar el Sábado. Mientras algunos se comprometieron a trabajar con los paganos, otros estaban pisando lagares en una prensa de vino, y otros traían gavillas en el día Sábado.

Si los gobernadores hubieran ejercido sus influencias y hubieran ejercitado su autoridad, este estado de cosas podría haber sido prevenido; pero su deseo de conseguir ganancias seculares los llevó a favorecer a los no santificados. Es mezclando nuestros intereses con los intereses de los incrédulos que conduce a la apostasía y a la ruina del alma.

Nehemías los reprendió por su vergonzoso y negligente deber, el cual era grandemente responsable por la rápida apostasía. "¿Qué mala cosa es esta que vosotros hacéis, profanando así el Sábado?" les dijo. "¿No hicieron así vuestros padres, y trajo nuestro Dios todo este mal sobre nosotros y sobre Israel profanando el Sábado?". Él dio órdenes de que "al caer la tarde, antes del Sábado", se cerrasen las puertas de la ciudad, y que no se abriesen hasta que el Sábado pasase; y, teniendo más confianza en sus siervos más jóvenes que en aquellos escogidos por los magistrados de Jerusalén, los colocó en las puertas para que hiciesen cumplir sus órdenes.

Los negociantes no estaban dispuestos a abandonar sus propósitos; y diversas veces ellos se quedaron fuera de las puertas de la ciudad, esperando encontrar la oportunidad de hacer negocios, ya sea con ciudadanos o con el pueblo. Después de haber sido informado de esto, Nehemías los advirtió de que serían castigados si continuasen sus prácticas. También les dijo a los Levitas que guardasen las puertas, sabiendo que debido a su alta posición, les tendrían más respeto que al pueblo común; ya que estaban en una relación más íntima en el servicio a Dios, era razonable esperar que fuesen más celosos en hacer obedecer Sus leyes". —*Southern Watchamn, 21 de Junio de 1904.*

Guía de Estudio No. 16

Leer: Nehemías 13:1 -22.

1.- ¿Qué sucedió en Jerusalén cuando Nehemías volvió a Persia por algún tiempo?

2.- ¿Hasta qué punto habían ganado terreno los enemigos de Israel en Jerusalén?

3.- ¿Qué prohibición había sido puesta en los Amonitas?

4.- ¿Cuál fue la acción del sumo sacerdote mirada desde el punto de vista de Dios?

5.- Además de profanar el templo, ¿qué otra cosa mala había surgido?

6.- Cuando la confianza fue restaurada, ¿cuál fue la respuesta del pueblo?

7.- ¿Cómo fue profanado el Sábado?

_____

_____

8.- En la ausencia de Nehemías, ¿por qué los gobernadores no se opusieron a la violación del Sábado?

_____

_____

9.- ¿Cómo detuvo Nehemías la profanación del Sábado?

_____

_____

Para Meditar: ¿Qué nos enseña toda esta experiencia en la historia de Israel acerca de la influencia de los líderes que están verdaderamente dedicados a Dios?

La Santidad de la Ley de Dios

A través de la observancia del Sábado los Israelitas debieran haberse distinguido de todas las otras naciones, como los adoradores del verdadero Dios, el Creador de los cielos y de la tierra. El Sábado era el monumento divinamente escogido de la obra creativa, y el día en que debía celebrarse no tenía que permanecer indefinido. No era cualquier día o algún día en particular que el hombre podía escoger, sino el mismo día en que el Creador descansó, el que fue santificado y bendecido. En este día Dios se acercaría mucho a Su pueblo obediente, que amaba Sus mandamientos.

Dios colocó una gran estima sobre Su ley. Moisés y Josué mandaron que se leyese públicamente, cada ciertos periodos, que todo el pueblo se familiarizase con sus preceptos, y que los volvieran algo práctico. Si hiciesen esto, tendrían el exaltado privilegio de ser contados como hijos e hijas del Altísimo, y podrían confiar en él como hijos queridos. En los días de Nehemías, el adversario de las almas, trabajando a través de los hijos de la desobediencia, y sacando ventaja de la infidelidad de los hombres que tenían el oficio sagrado, estaba adormeciendo rápidamente la nación haciendo con que se olvidasen de la ley de Dios, el mismo pecado que había provocado Su ira contra sus padres; y por algún tiempo parecía que todo el cuidado, trabajo, y recursos envueltos en reconstruir las defensas de Jerusalén serían en vano.

David oró, "es tiempo Señor que Tú obres: porque ellos han invalidado Tu ley". Esta oración no es menos pertinente en los tiempos actuales. El mundo se ha separado de Dios, y su estado sin ley puede aterrorizar el corazón, y guiar a todos los que son leales al gran Rey a efectuar una reforma. El poder papal ha pensado en cambiar la ley de Dios substituyendo un falso Sábado por aquel de Jehová; y todo el mundo religioso ha reverenciado el falso Sábado, mientras que el verdadero es pisoteado por pies no santificados. ¿Degradará el Señor Su ley para alcanzar la norma del hombre finito? Aceptará Él un día que no posee santidad, en lugar de Su propio Sábado, el cual Él mismo ha santificado y bendecido? No; es en la ley de Dios que el último gran conflicto de la controversia entre Cristo y Sus ángeles y Satanás y sus ángeles tendrá lugar, y será decisivo para todo el mundo. Esta es la hora de la tentación del pueblo de Dios; pero Daniel los vio liberados de esto, cada uno cuyo nombre está escrito en el libro de la vida del Cordero.

Los hombres en posiciones de responsabilidad no sólo ignorarán y despreciarán ellos mismos el Sábado, sino que desde el escritorio sagrado van a insistir para que el pueblo observe el primer día de la semana, alegando la tradición y la costumbre como apoyo de su institución de manufactura humana. Apuntarán las calamidades en la tierra y en el mar, a las tormentas de viento, las inundaciones, los terremotos, la destrucción a través del fuego, como juicios indicativos del desagrado de Dios por no estarse observando el domingo. Estas calamidades aumentarán más y más, un desastre seguirá muy de cerca al próximo; y aquellos que han anulado la ley de Dios apuntarán a los pocos que están guardando el Sábado del cuarto mandamiento como los responsables por estar trayendo la ira sobre el mundo. Esta falsedad es el instrumento que Satanás usará para engañar a los desprevenidos.

Necesitamos de Nehemías en esta época del mundo, que puedan llevar al pueblo a ver cuán lejos están de Dios debido a la transgresión de Su ley. Nehemías fue un reformador, un gran hombre levantado en un tiempo importante. Cuando él entró en contacto con el mal y con todo tipo de oposición, se produjo un reavivamiento y un celo. Su energía y determinación inspiró al pueblo de Jerusalén; y la fuerza y el coraje tomaron el lugar de la debilidad y del desánimo. Su santo propósito, su gran esperanza, su alegre consagración al trabajo, eran contagiosos. El pueblo se contagió con el entusiasmo de su líder, y en su esfera cada hombre se volvió un Nehemías, y ayudó a hacer más fuerte las manos y el corazón de su vecino. Aquí hay una lección para los ministros de los días actuales. Si ellos están indiferentes, inactivos, destituidos de un santo celo, ¿qué podría esperarse del pueblo al cual ellos ministran?

La responsabilidad directa del hombre ante Dios debe ser objeto de cuidadosa consideración. La ley nunca puede perdonar. Su providencia no es la de salvar al transgresor, sino la de convencerlo. Es abarcante, y todo lo que hacemos lleva el sello de su aprobación, o bien de su condenación. Los hombres que profesan santidad a menudo consideran los pecados secretos del alma muy livianamente; pero son los motivos secretos del corazón que determinan el verdadero carácter, y Dios lo traerá a juicio. Los peligros resultantes de desobedecer a Dios y buscar la amistad del mundo no ha disminuido con el pasar del tiempo. Hay un trabajo sincero a ser hecho; y el fiel atalaya, que actúa por amor a Dios y con un deseo de salvar pecadores, cosechará la recompensa de su trabajo; pero el atalaya infiel, cuya influencia tiende a causar unión con el mundo, causará la ruina de muchas almas". — *Southern Watchman, 24 de Junio de 1904.*

Guía de Estudio No. 17

Leer: Nehemías 10:28-39.

1.- ¿Qué condición en el mundo llevará a todos los que son leales a Dios a trabajar por una reforma? (especialmente en la iglesia).

_____

_____

2.- ¿Cómo es posible que la lucha contra la ley de Dios venga a ser decisiva para todo el mundo?

_____

_____

3.- ¿Cómo será concentrada la atención del mundo sobre el Sábado de Dios y sobre los guardadores del Sábado?

_____

_____

4.- ¿Qué lección pueden aprender hoy los líderes del pueblo de Dios de las cualidades de liderazgo de Nehemías?

_____

_____

Para Meditar: ¿Qué quiere expresar Oseas cuando dice: "como es el pueblo, así es el sacerdote" (Oseas 4:9; ARA)

_____

_____

La Separación de Israel de los Idólatras

Otro asunto del cual tuvo que preocuparse Nehemías a su retorno a Jerusalén, fue el peligro que enfrentó Israel por haber efectuado casamientos mixtos y con idólatras. "Vi asimismo en aquellos días", dice Nehemías, "a judíos que habían tomado mujeres de Asdod, amonitas, y moabitas; y la mitad de sus hijos hablaban la lengua de Asdod, porque no sabían hablar judaico, sino que hablaban conforme a la lengua de cada pueblo". Este acostumbramiento a la lengua de los paganos era una indicación de la infiltración hecha por los paganos. En muchas familias, hijos, entrenados por madres paganas, hablaban alrededor de ellos en idiomas de diversas naciones idólatras, con los cuales los Israelitas se habían casado. Estos hijos, a medida que crecían con los hábitos y las costumbres de los paganos, se volvían idólatras de la más peligrosa de las clases, porque estaban ligados con el pueblo de Dios.

Estas alianzas ilegales causaron gran confusión; algunos que entraron en el medio de ellos eran personas de alta posición, gobernadores del pueblo y hombres relacionados con el servicio de Dios, para quienes, en la ausencia de Nehemías, el pueblo recurría en busca de consejo y de ejemplo correcto. Dios había excluido cuidadosamente a los paganos de unirse con Sus adoradores fieles; pero las barreras divinamente erigidas habían sido derribadas, y como consecuencia de los casamientos mixtos con otras naciones, el Israel de Dios estaba perdiendo rápidamente su carácter peculiar y sagrado.

Nehemías sabía que la ruina esperaba a la nación si es que estos malignos no fuesen puestos muy lejos, y él razonó al respecto con ellos. Les declaró firme y categóricamente, "no daréis vuestras hijas a sus hijos, ni tomaréis de sus hijas para vuestros hijos, ni para vosotros mismos". Les presentó el caso de Salomón, y les recordó que entre muchas naciones no había surgido un rey como este hombre, a quien Dios había favorecido, y para quien Él le había dado gran sabiduría. Pero la mujer idólatra con la cual él ligó su casa a través del matrimonio, condujo su corazón lejos de Dios, y su ejemplo tuvo una influencia corruptora en todo Israel.

Los mandamientos y amenazas del Señor, y los terribles juicios que cayeron sobre Israel en las generaciones anteriores, despertó las conciencias del pueblo. Los lazos más fuertes y queridos que los ataban a los idólatras fueron quebrados. No solamente fueron prohibidos casamientos futuros con paganos, sino que casamientos que ya existían fueron disueltos.

Algunos hombres en servicio sagrado imploraron por sus esposas paganas, declarando que no podían permitirse separarse de ellas. Nehemías contestó, con solemne rigidez, "¿Os vamos a obedecer ahora cometiendo todo este mal tan grande de prevaricar contra nuestro Dios, tomando mujeres extranjeras?".

Un nieto del sumo sacerdote, que se había casado con una hija del notorio Sanbalat, no solamente fue excluido del servicio, sino que fue inmediatamente expulsado de Israel. "¡Acuérdate de ellos", exclamó Nehemías, "Dios mío, de los que contaminan el sacerdocio y el pacto del sacerdocio y de los levitas!". Y dijo aún, "los limpié, pues, de todo extranjero, y puse a los sacerdotes y levitas por sus grupos, a cada uno en su servicio". No fue demostrado ningún respeto por el rango o por la posición. No fue hecha ninguna distinción. Quienquiera que entre los sacerdotes y gobernadores rehusase separarse de sus ligaciones con los paganos, era inmediatamente separado del servicio al Señor.

Cuánta angustia de alma le costó esta severa acción a los trabajadores fieles a Dios, solamente el juicio lo revelará. Cada paso fue ganado solamente a través de ayuno, humillación y oración. Hubo una constante lucha con los elementos opositores.

Muchos que se habían casado con idólatras escogieron irse con ellos al exilio; y, con aquellos que habían sido expulsados de la congregación, se unieron los Samaritanos, un pueblo pagano que había combinado con su adoración idólatra muchas de las costumbres de los judíos. Aquí algunos que habían ocupado altas posiciones en la obra de Dios, ahora encontraron su camino, y después de un tiempo decidieron su suerte plenamente de parte de ellos.

Queriendo fortalecer su alianza, los Samaritanos prometieron adoptar más completamente la fe y las costumbres judías; y los apóstatas, decididos a vencer a sus propios hermanos, erigieron un templo en el Monte Gerizim, en oposición a la casa de Dios en Jerusalén. Esta religión espuria continuó siendo una mezcla de Judaísmo y paganismo; y sus reclamos de ser el pueblo de Dios fue la fuente de cisma, emulación y enemistad entre las dos naciones de generación en generación". —*Southern Watchman, 05 de Julio de 1904.*

Guía de Estudio No. 18

Leer: Nehemías 13:23-31.

1.- Fuera de la profanación del Sábado, ¿qué otra violación de las instrucciones de Dios tuvieron lugar cuando Nehemías volvió a Jerusalén?

2.- El pueblo busca un gran líder parecido a Nehemías, que posea un liderazgo positivo y espiritual; ¿pero de quién más tienen ellos el derecho de esperar las mismas cualidades de liderazgo?

3.- Como regla, ¿qué puede esperarse cuando aquellos que profesan seguir a Dios se unen en sociedad con aquellos que no manifiestan ningún deseo de seguir a Dios?

4.- ¿Qué medidas fuertes tomó Nehemías y aquellos que permanecieron leales a Dios para poder corregir el daño hecho por sus hermanos?

Para Meditar: ¿Cómo habría usted solucionado el problema enfrentado por Nehemías en Jerusalén?

La Necesidad de Verdaderos Reformadores

Los siervos de Dios hoy día encuentran dificultades muy similares a aquellas con las cuales tuvo que contender Nehemías. La naturaleza humana continúa siendo la misma. Y Satanás es tan activo, fervoroso y perseverante ahora como en cualquier período en el pasado. Mejor dicho, la palabra de Dios declara que su poder y enemistad aumenta a medida que nos acercamos al fin del tiempo. El mayor peligro del antiguo pueblo de Dios surgió de su inclinación a desestimar sus requerimientos directos y en seguir, en vez de ello, sus propios deseos. Así es el pecado y el peligro de su pueblo en el momento presente. La indolencia, apostasía y degeneración en nuestras iglesias pueden ser trazadas, en un alto grado, a los sentimientos descuidados que han entrado como resultado a la conformidad con el mundo. El Sábado no es tan sagradamente guardado como debiera. Los casamientos impropios, con sus rastros de maldad, han arrastrado a algunos de los hombres útiles a la apostasía y a la ruina.

Antes de contraer matrimonio, cada persona sabia debiera considerar la materia en todos sus puntos: "¿La relación que estoy a punto de concretar me va a llevar a las cortes celestiales o a la perdición? ¿Traerá influencias sagradas y devocionales, o las influencias corruptoras del mundo?".

En la actual declinación del estado de la religión, existe una necesidad de fervorosos y fieles Nehemías y Esdras, hombres que no se intimiden de llamar al pecado por su exacto nombre, y que no se acobarden de vindicar el honor de Dios. Aquellos sobre los cuales Dios ha colocado la carga de Su obra no deben descansar en paz, y encubrir los males prevalecientes con un capote de falsa caridad.

Se necesitan hombres de coraje y energía para exponer los pecados de la moda. La iniquidad no debe ser justificada o excusada. Aquellos que conducen a la iglesia para que se acomode a las costumbres y prácticas del mundo, no deben ser elogiados o exaltados. Ni la familia ni la posición deben impedir que los fieles siervos de Cristo resguarden los intereses de Su pueblo. Dios no respeta las personas. Mucha luz y privilegios especiales traen una responsabilidad mayor. Cuando aquellos que han sido favorecidos u honrados por Dios cometen pecado, su influencia llega muy lejos para animar a otros en la transgresión. Y si, a través de su ejemplo, la fe de otro es debilitada, y se quiebran principios morales y religiosos, la ira de Dios ciertamente vendrá sobre aquellos traidores de Su sagrada confianza.

La severidad con algunos muchas veces se transformará en misericordia para muchos. Sin embargo tenemos que ser cuidadosos al manifestar el espíritu de Cristo, y no nuestra propia disposición impaciente e impetuosa. Debemos censurar el pecado, porque amamos a Dios, y amamos las almas por las cuales Cristo murió.

Esdras y Nehemías en muchas oportunidades se humillaron delante de Dios, confesando los pecados de su pueblo, e imploraron perdón como si ellos mismos fuesen los ofensores. Pacientemente ellos se fatigaron y oraron y sufrieron, debido a la falta de amor de aquellos que debieran haberse unidos con ellos, pero que sus simpatías estaban mas cercanas a sus adversarios. Lo que hacía que su obra fuese penosa y difícil no fue la abierta hostilidad de los paganos externos, sino la oposición secreta de los traidores internos, y aún entre los propios sacerdotes y gobernadores. Colocando sus talentos y su influencia al servicio de los malos trabajadores, estos hombres de corazones divididos aumentaron diez veces más la carga de los fieles siervos de Dios. Ellos les suministraron a los enemigos del Señor las informaciones que serían usadas en la guerra contra Su pueblo. Malas pasiones y voluntades rebeldes siempre están en guerra contra los simples y directos requerimientos de Dios.

El espíritu de la verdadera reforma será alcanzado hoy en día así como fue alcanzado en los tiempos antiguos. Aquellos que son celosos del honor de Dios, y que no apoyarán el pecado ya sea en el ministerio o en el pueblo, no deberán esperar descanso o placer en sus vidas. Una vigilancia permanente debe ser la tónica de todos aquellos que guardan los intereses de la iglesia de Cristo. Durante la ausencia de Nehemías de Jerusalén, se introdujeron hombres malos, los cuales trataron de pervertir la nación.

Los mismos peligros existen en nuestros días. Si aquellos que mantienen la vigilancia sobre la iglesia dejan sus cargos, algunos no consagrados, diciendo creer en la verdad pero no teniendo una ligación con Dios, sacarán ventaja de estas ausencias para hacer mucho daño. Habiendo sido quitada la restricción de estos espíritus turbulentos y egoístas, sus peculiares trazos de carácter se hacen prominentes, y a través de sus consejos, insinuaciones, y a través de sus engañosas acusaciones, crean la duda, la incredulidad, y la disensión entre el pueblo del Señor. Los tales olvidan que las cosas espirituales deben ser discernidas espiritualmente. Juzgan los caracteres y los motivos de los siervos de Dios de acuerdo con su propia ignorancia de la verdad y de los caminos de la justicia. Su ejemplo, palabras e influencia debilita la fuerza de los requerimientos de Dios, y divide y dispersa la iglesia de Cristo.

La Palabra de Dios abunda en agudos y notables contrastes. Pecado y santidad son colocados lado a lado, a fin de que contemplándolos, odiemos el primero y amemos y abracemos el último. Las páginas que describen el odio, la falsedad y la traición de Sanbalat o de Tobías, también describen la nobleza, la devoción y el sacrificio propio de Nehemías o de Esdras. Somos dejados libres para copiar de acuerdo con nuestra capacidad de escoger.

Los terribles resultados de transgredir los mandamientos de Dios son colocados en contraste con los benditos resultados de la obediencia a los mismos. Nosotros mismos tenemos que decidir si sufriremos con los primeros o nos regocijaremos con los últimos. La ley de Dios es inalterable. Así como Él mismo es puro, perfecto y eterno. No es suficiente profesar ser guardadores de la ley. La cuestión es, ¿estamos llevando sus principios en nuestra vida diaria? "La justicia exalta una nación; pero el pecado es una reprobación para cualquier pueblo". Dice la voz de la sabiduría: "Recibe mi instrucción, y no la plata; y el conocimiento antes que escoger el oro. Porque la sabiduría es mejor que los rubíes; y que todas las cosas que puedan ser deseadas no pueden compararse a ella". —*Southern Watchman, 12 de Julio de 1904.*

Guía de Estudio No. 19

1.- ¿Cuál fue el mayor peligro enfrentado por el antiguo pueblo de Dios?

_____

_____

2.- ¿Cuál, en gran manera, es la causa de la decadencia de la iglesia de Dios hoy día?

_____

_____

3.- ¿Qué se necesita en la iglesia hoy día?

_____

_____

4.- ¿Cuál debiera ser la aproximación al pecado entre el pueblo de Dios?

_____

_____

5.- Indique

a) una cualidad del verdadero liderazgo espiritual

b) una declaración de identidad corporativa del párrafo: "Esdras y Nehemías en muchas oportunidades"

6.- ¿Qué es lo que hizo con que el trabajo de reforma llevado a cabo por Esdras y Nehemías se hiciese más difícil?

_____

7.- ¿Cómo será alcanzado el espíritu de verdadera reforma en nuestros días?

8.- ¿Qué sucederá dentro de la iglesia de Dios hoy, si aquellos que están cuidando del pueblo de Dios, fallan en cumplir la obra que Dios ha colocado sobre ellos?

Nota: Ellen White es clara en cuanto a que el apoyarse en las capacidades del hombre nunca completará la obra que Dios nos ha asignado. Tenemos que apoyarnos más en el poder del Espíritu Santo.

"Dios llama a un reavivamiento y a una reforma. Las "líneas regulares" no han hecho el trabajo que Dios quiere que sea hecho" —*Carta 60, 1901; Manuscript Releases 1112.*

"En todas partes se ha efectuado muy poco la obra de la influencia del Espíritu Santo sobre la iglesia. En todas partes se ha colocado mucha dependencia sobre las agencias humanas individuales para traer éxito a la iglesia. Donde exista una piedad genuina en una iglesia allí habrá genuina fe en las manifestaciones eficientes del Espíritu Santo. Es la dependencia tan grande sobre el hombre y sus supuestas capacidades, y su educación, y su conocimiento, que eclipsan al Señor Dios, el cual es todopoderoso y puede ayudar y ayudará y anhela manifestarse Él mismo a cada alma negligenciada y rechazada, que sienta que ella es débil en poder moral. Ella tiene que apoyarse sobre la Palabra de Dios con ilimitada confianza, y no hacer continuamente del brazo del hombre su dependencia y su confianza". —*Manuscrito 93, 1893.*

Para Meditar: Dios está guiando a Su pueblo hoy día a un reavivamiento espiritual que está acompañado por el don de la Lluvia Tardía. ¿Qué puede hacer tu iglesia para prepararse para este reavivamiento y para la recepción del Espíritu Santo?

Otros libros del Autor y del Mensaje de 1888 que pronto estarán disponibles:

1. Descubriendo la Cruz, Autor: Robert J. Wieland.
2. Introducción al Mensaje de 1888, Autor: Robert J. Wieland.
3. 1888 Re-examinado, Autores: Robert J. Wieland y Donald K. Short.
4. He aquí, Yo estoy a la Puerta y llamo, Autor: Robert J. Wieland.
5. Diez Grandes Verdades del Evangelio, Autor: Robert J. Wieland.
6. Nuestro Glorioso Futuro, Autor: Robert J. Wieland.
7. Reavivamientos Modernos, Autor: Robert J. Wieland.
8. La Palabra se Hizo Carne, Autor: Ralph Larson.
9. Proclamen su Poder, Autor: Ralph Larson.
10. El Evangelio en Gálatas, Autor: E. J. Waggoner.
11. Carta a los Romanos, Autor: E. J. Waggoner.
12. El Pacto Eterno, Autor: E. J. Waggoner.
13. Cristo y su Justicia, Autor: E. J. Waggoner.
14. 1888 Materiales; Volúmenes 1-4 en español, Autor: Elena G. de White.
15. El Camino Consagrado a la Perfección Cristiana, Autor: A. T. Jones.
16. El Mensaje del Tercer Ángel; 3 Volúmenes, Autor: A. T. Jones.
17. Lecciones sobre la Fe, Autores: A. T. Jones y E. J. Waggoner.

*TODOS LOS LIBROS DE ELLEN WHITE ESTARAN DISPONIBLES EN ESTE TAMAÑO. Si desea adquirirlos al por mayor, son por cajas de 50 libros y nos puede contactar a este correo para más información y saber nuestras próximas publicaciones:

lsdistribution07@gmail.com

Otros libros del Autor y del Mensaje de 1888 que estarán disponibles en inglés:

1. In Search of the Cross, Author: Robert J. Wieland.
2. Introduction to the 1888 message, Author: Robert J. Wieland.
3. 1888 Re-examinated, Authors: Robert J. Wieland y Donald K. Short.
4. The Knocking at the Door, Author: Robert J. Wieland.
5. Diez Grandes Verdades del Evangelio, Author: Robert J. Wieland.
6. Nuestro Glorioso Futuro, Author: Robert J. Wieland.
7. Reavivamientos Modernos, Author: Robert J. Wieland.
8. The Word was made Flesh, Author: Ralph Larson.
9. Proclaim his Power, Author: Ralph Larson.
10. The Gospel in the Book of Galatians, Author: E. J. Waggoner.
11. Letters to Romans, Author: E. J. Waggoner.
12. Everlasting Covenant, Author: E. J. Waggoner.
13. Christ and his Righteousness, Author: E. J. Waggoner.
14. 1888 Materials; Volumes 1-4 in english, Author: Elena G. de White.
15. The Consacrated Way to Christian Perfection, Author: A. T. Jones.
16. The Third Angel's Message; 3 Volúmenes, Author: A. T. Jones.
17. Lessons on Faith, Authors: A. T. Jones y E. J. Waggoner.

*If you want to purchase at wholesale, the minimum are 50 books and you can contact us by email: lsdistribution07@gmail.com

www.ingramcontent.com/pod-product-compliance
Lightning Source LLC
Chambersburg PA
CBHW080900010526
44118CB00015B/2216